Der Autor

Jacques Gombert (Jahrgang 1939) heißt gar nicht so, ist aber wirklich Seemann, unter anderem. Er hat noch einen ernsten und einen lustigen Beruf, was zunehmend zu Schwierigkeiten führt, weil er alle drei gelegentlich durcheinanderbringt. Eine Zeitlang war er Prüfer des DSV (Deutscher Segler Verband). Er galt als strenger Prüfer, weswegen er unbeliebt wurde: Bei den Segelschulen, weil durchgefallene Prüflinge schlecht für das Image sind; bei den Prüflingen, weil der Segelkurs dann umsonst war (nur nicht finanziell gesehen). Daher ist er jetzt nicht mehr DSV-Prüfer. Und weil er die echte «SEEMANNSCHAFT» immer schon zu langweilig fand, hat er jetzt die «andere Seemannschaft» geschrieben. Überhaupt meint er, Segeln lerne man nicht aus Büchern, sondern auf dem Wasser. Und weil man nie genug darüber lernen kann, lebt Jacques Gombert am liebsten am Mittelmeer.

Der Zeichner

Erich Paulmichl arbeitet seit Mitte der siebziger Jahre als freier Karikaturist und surrealistischer Zeichner. Er wurde wegen seiner cartoonistischen Vielseitigkeit einem breiten Publikum bekannt. Paulmichls Cartoons erscheinen in renommierten Magazinen, in Büchern und Kalendern. Seine letzte Buchveröffentlichung war «Die Wahrheit über Golfer» (rororo 13099)

Kapitän Jacques Gombert

Das endgültige Segler-Handbuch

Die andere «Seemannschaft»

Mit Cartoons von
Erich Paulmichl

Rowohlt

rororo tomate
herausgegeben von Klaus Waller

Originalausgabe
Veröffentlicht im Rowohlt Taschenbuch Verlag GmbH,
Reinbek bei Hamburg, April 1993
Copyright © 1993 by Rowohlt Taschenbuch Verlag GmbH,
Reinbek bei Hamburg
Die Rechte an den einzelnen Cartoons liegen bei Erich Paulmichl
Umschlaggestaltung Barbara Hanke
Umschlagillustration Erich Paulmichl / Kolorierung H. Kröll
Gesetzt aus der Bembo (Linotronic 500)
Gesamtherstellung Clausen & Bosse, Leck
Printed in Germany
790–ISBN 3 499 13239 7

Inhalt

Vorwort

Lehr- und Ausbildungsbuch
für Segler und solche, die es werden müssen

Verwurzelt in bester seemännischer Tradition ist es das Anliegen dieses Handbuches, einen wichtigen Beitrag zur Fröhlichkeit auf dem Wasser und zum Lachen der Crew auf Segelyachten beizutragen und damit zum unverzichtbaren Standardwerk in der Bordbibliothek nahezu eines jeden Seglers zu werden. Diese erste und aktuelle Ausgabe sollte in Zukunft allen Seglern ein zuverlässiger Helfer und Ratgeber während der Ausbildung und ein treuer Begleiter auf See sein.

Ehe wir nunmehr in medias res gehen (lateinisch: Mitten in die Sache, hier besser: Bevor wir in See stechen), sollten wir jedoch zunächst den Heiligen der Meere, St. Erasmus, unter Seebären kurz «der Rasmus» genannt, mit einem kurzen Gebet und einem Longdrink auf unsere Seite ziehen; übrigens, das wahre Opfer an Rasmus folgt erst ab Windstärke 3–4 und sollte stets nach Lee (die Seite, wo der Wind nicht herkommt) erfolgen! Diese Art des wahren Opfers kann nicht theoretisch erläutert werden; bei Ihrer ersten Seereise werden Sie es in der Praxis erfahren. Sie halten das für Aberglauben? Wenn Sie nicht abergläubisch sind, werden Sie niemals ein richtiger Seemann, denn alle Seefahrer sind abergläubisch. Man weiß ja nie, und ein wenig Kratzen am Mast, um Wind herbeizurufen, oder ein Schluck aus der Pulle ins Wasser neben dem Schiff hat noch niemandem weh getan. Und überhaupt schadet ein wenig Esoterik nichts, wenn es um die Seefahrt geht. Ein alter erfahrener Seebär soll jedesmal vor dem Auslaufen aus dem

Hafen gebetet haben: «Herrgott – wenn es einen gibt –, in Deine Hände befehle ich meine Seele – wenn ich eine habe!»

Der Verzehr von geistigen Getränken auf dem Wasser hat eine uralte Tradition, welche wir nicht in Vergessenheit geraten lassen sollten. Das hat nichts mit Alkoholismus zu tun, wie manche unserer Feinde gerne behaupten. Diese Miesmacher, zu denen leider auch viele Ärzte gehören, haben noch nie nach vier Stunden «Rudergehen» unten in der Kajüte gesessen und einen glühend heißen Grog getrunken. Die dabei entstehenden Gefühle können manchen anderen Höhepunkt in unserem Leben ersetzen. Auch der erste Schluck nach der Ankunft in einem neuen Hafen gehört zu diesen Momenten ebenso wie das kühle Bier an Land nach vier Stunden Flautensegeln an einem heißen Sommertag auf dem Ammersee.

Vom Ernst des Segelns

Das Segeln ist ein sehr zwiespältiger Sport. Jeder Umgang mit Wasser ist eine ernsthafte Sache – für Wesen, die normalerweise auf dem Land leben. Unsere Kinder, noch einem von keiner Erziehung verfälschten Urinstinkt folgend, zeigen uns doch ständig, wie tief die Abneigung gegen jeden Kontakt mit Wasser in uns steckt. Oder haben Sie noch nie Probleme gehabt, Ihren Sohn in die Badewanne zu stecken? Geben Sie ihm aber ein Spielzeugboot mit in die Wanne, dann wird er Stunden freiwillig darin verbringen. Er muß also wohl trotzdem Spaß machen, der Gang aufs Wasser, sonst wären an schönen Sommertagen unsere Seen aus der Luft noch sichtbar und nicht zentimeterdicht von Segelbooten bedeckt.

Unsere Feinde sagen: «Segeln macht doof! Das sieht man doch an den Segellehrern!» Lassen Sie sich nicht von diesen Meckerköpfen irremachen; nur noch auf dem Wasser herrscht die endlose Freiheit der Meere, ob es um das Verklappen von Dünnsäure oder um das Segeln geht. Andere Laien sagen oft: «Sport im Sitzen, das kann doch nur ein Witz sein!» Das sind die Sportsfreunde, welche Sport im Fernsehsessel betreiben! Segeln macht erstens durstig und zweitens müde – ein klarer Beweis dafür, daß es sich um einen richtigen Sport handelt.

Nur für eilige Menschen ist das Segeln nichts, es sei denn, es handelt sich um Regattasegler. Das Wettrennen auf dem Wasser, Crew gegen Crew, Segelboot gegen Segelboot, unterliegt ganz besonderen Regeln. Eine Regatta besteht aus drei Hauptteilen (und diversen Nebenteilen):

1. *Die Anmeldung zur Regatta:* Dazu gehört das Inempfang-nehmen (man kann das wirklich nicht einfacher ausdrücken, so kompliziert ist das) der vorgeschriebenen Regattakurse. Nachdem die Regattaleitung (Rennleitung) mal wieder nicht weiß, was für ein Wind am Tag der Regatta herrschen wird (übrigens, das Wetteramt weiß es auch nicht), werden gleich mehrere Fahrtkurse bekanntgegeben, und erst kurz vor dem Start wissen Sie, was Sie nun tatsächlich fahren müssen. Das Verstehen dieser Kursanweisungen erfordert einen hohen Intelligenzquotienten! Vermutlich werden sie extra so verschlüsselt, damit ein Teil der Rennfahrer von vornherein ausscheidet und damit Teil 3 abgekürzt wird.

2. *Das eigentliche Wettrennen:* Ein brutaler Kampf, jeder gegen jeden, wobei das Wort «Fairness» schon vor zwanzig Jahren irgendwie in Vergessenheit geraten sein muß. Mit den während einer Regatta angewandten Tricks der Segler könnte man ein dreibändiges Werk füllen. Denken Sie nur an die Ereignisse rund um die Rennen um die America's Cup. Ohne 25 amerikanische Staranwälte liefe dort gar nichts.

3. *Die Protestverhandlungen:* Stets der wichtigste Teil (und der längste) jeder Regatta. Dabei geht es schlicht und einfach darum, wie man am besten jedes andere Boot, das wegen der blöden ständigen Windwechsel unverdientermaßen eher durchs Ziel lief, disqualifizieren lassen kann. (Es hat sich bewährt, dazu mindestens zwei oder drei Rechtsanwälte mitzunehmen!) So soll es schon Regatten gegeben haben, bei welchen der zum Sieger gekürt wurde, der als letzter durchs Ziel ging. Weil der aus lauter Langsamkeit gegen keine Regattaregel verstoßen konnte. Schon zu Zeiten des alten Testamentes muß es Regatten gegeben haben, woher stammt sonst der Spruch: «Die ersten werden die letzten sein?»

Die Seemannssprache

Seebären besitzen wie Jäger, Golfer oder Segelflieger eine eigene Sprache, welche vor allem den Zweck hat, sie von Landratten grundsätzlich zu unterscheiden. Dabei wird die seemännische Grammatik in zwei Untergruppen eingeteilt:

1. *Das Seemannsgarn.* Für den Laien bedeutet es: Alle Seeleute lügen, daß sich die Balken biegen. Da aber das Wasser, wie jeder weiß, keine Balken hat, ist diese Ansicht nichts anderes als der Ausdruck maßlosen Neides. Das Leben an Land ist für die meisten Menschen heute derartig langweilig geworden, daß nur noch pausenloses Fernsehen sie vor der totalen Verblödung retten (soll) kann. Bei der bekanntermaßen zunehmenden Qualität der Fernsehsendungen ist dieser Zustand sowieso nicht mehr aufzuhalten.

Der Seemann dagegen erlebt täglich neue spannende Abenteuer, von denen sich die Landratte gar keine Vorstellung machen kann. Was tut diese also? Logischerweise hält sie die Erzählung der Segler für genauso erlogen wie das, was ihr die Flimmerkiste täglich vorsetzt.

Anstatt nun selbst mal mit auf das Wasser zu gehen und mitzuerleben, was sich da draußen alles tut, verkriecht sich die Landratte und überspielt ihre Angst mit abfälligen Bemerkungen. Nur wenn Errol Flynns Abenteuer gezeigt werden, glauben sie alles – dabei ist das nun wirklich von vorn bis hinten erfunden. Ich habe jedenfalls noch nie einen Skipper mit einem zwei Meter langen Degen im Mund bei Windstärke neun auf dem Bugspriet einer Segelyacht stehen sehen.

2. *Die Fachsprache der Seeleute.* Es ist wie bei allen Fremdsprachen: Wenn man sie nicht kann und erlernen muß, hängt es einem zum Hals raus; wenn man sie beherrscht, macht es Spaß, vor allem, wenn andere zuhören und nichts verstehen!

Alte Segelhasen sagen: Die Seemannssprache hat sich historisch entwickelt. Welch ein Trost! Daß «hinten» unbedingt «achtern» heißen soll, ist nur ein kleines Beispiel. Die Österreicher sagen, wenn sie rückwärts fahren wollen, «arschlings», da stimmt wenigstens der Anfangsbuchstabe überein.

Warum aber der Strick, an welchem das Segel hochgezogen wird, «Fall» heißt, obwohl das Segel nicht fallen, sondern langsam herunterrutschen soll, weiß der Teufel; und wenn der Skipper sagt: «Laß fallen Großsegel!», dann lassen Sie auf keinen Fall das Fall einfach fallen, respektive los! Es soll vielmehr gleichmäßig so durch Ihre Hände gleiten, daß kleine Hautreste im Seil hängenbleiben und leichte Verbrennungen Ihre Handflächen markieren.

Sie werden noch lernen müssen, daß das Großsegel kleiner ist als das Vorsegel und daß die Want nicht dazu geeignet ist, sich dagegenzulehnen; daß mit dem Ruder nicht gerudert, sondern gesteuert wird, ein Steuer jedoch auf keinem Boot zu finden ist. Trotzdem heißt der Mann, der das Ruder bedient, nicht Rudermann, sondern Steuermann.

In der Backskiste wird weder gebacken noch Gebäck aufbewahrt. Das Kielschwein kann man nicht essen. In der Hundekoje schläft kein Hund. Die Nippzeit ist nicht die Zeit, kräftig an der Flasche zu nippen. Beim Pullen handelt es sich nicht um Flaschen. Sandwich-Bauweise hat weder mit belegten Broten noch mit Lord Sandwich etwas zu tun. Ein Sextant ist jugendfrei. In den Roßbreiten werden keineswegs Pferde gezüchtet. Im Schwertkasten finden Sie keinerlei Kriegsgerät, und zum Bedienen des Schwertes bedarf es keiner Waffenbesitzkarte. Trotz eines Längsrisses geht kein Schiff unter. Und ein Kopfschlag hat nichts mit der Halse zu tun (siehe dort), obwohl er auch bei der Halse häufig vorkommt. In den Fallen können Sie die Bordratten nicht fangen. Das Unterwasserschiff ist kein U-Boot. Mit dem Violinblock können Sie keine Musik machen, auch mit der Klampe nicht. Der Bullenstander ist leider für die Viehzucht ungeeignet. Die Aufforderung des Skippers: «Dirk dichtholen!» hat mit zwischenmenschlichen Beziehungen nichts zu tun, vor allem, wenn kein Crewmitglied Dirk heißt. Der Zweck des Jockeybaumes ist nicht, die Unterhosen männlicher Crewmitglieder zum Trocknen aufzuhängen. Mit dem Besteck des Navigators können Sie nicht essen. Lediglich Zahnschmerzen an Bord bleiben Zahnschmerzen. So schwierig ist die Seemannssprache.

Frühling im (und unter dem) Boot

Der engagierte Segelsportler steckt bereits bis über beide Ohren in Arbeit, wenn auf unseren Wasserflächen noch die Eisschollen umeinander schaukeln. Schließlich muß unser Sportgerät, das Ende letzten Herbstes bereits über den ersten Schnee an Land gezogen worden ist – vom Segeln oder von der Beschäftigung mit dem Kahn wollten wir eine Zeitlang nichts wissen –, für die neue Saison fit gemacht werden. Also ziehen wir die Persenning[1] weg und sehen uns die Chose erst mal an. Wer bei dem Haufen Arbeit, der auf den ersten Blick sichtbar wird, überhaupt noch Lust zum Anfangen hat, ist schon ein Liebhaber, ja, fast ein Fanatiker.

Lieber männlicher Segler: Dies ist genau der Zeitpunkt, an welchem sich Ihre Partnerschaft bewähren muß. Holen Sie Ihre Lebensgefährtin, selbst wenn es sich um Ihre Ehefrau han-

[1] Diese dreckige Plane mit Löchern drin, unter der unser Liebling im Winter verborgen lag

delt, herbei und bitten Sie sie, gleich einen Eimer, eine Scheuerbürste und ein Paar Arbeitshandschuhe mitzubringen. Nur eines müssen Sie vorher selber machen, nämlich die Spinnweben entfernen, sonst könnte es leicht zu einer ersten Meuterei an Land kommen.

Wenn sie nun anfängt, erste Hand an den Dreck einer Saison zu legen, sagen Sie: «Liebling, ich muß mal eben... (Spannlack, Dübel, Schweißbrenner, Antifouling, Zigaretten oder was immer Ihnen gerade einfällt) holen!» Die meisten Frauen haben glücklicherweise die Angewohnheit, nicht mehr aufhören zu können, wenn sie mit dem Putzen erst mal angefangen haben, und Männer sind dabei höchstens im Weg.

Nun kommt es drauf an, um was für ein Schiff es sich handelt. Haben Sie eine Jolle, können Sie in etwa fünf Stunden zurückkommen, bei einer Yacht kann es durchaus etwas länger dauern. Hier müssen nämlich vor allem die Aschenbecher und der Mülleimer geleert werden und die leeren Bierflaschen im ganzen Schiff zusammengesucht werden. (Bitte nicht in den häuslichen Müll werfen, denken Sie an die Umwelt! Außerdem könnte es sich ja um Pfandflaschen handeln.)

Wenn das Boot nun von innen und außen sauber erscheint, wird es mit Sicherheit irgendwo undicht sein. (Die Stelle zum Beispiel, wo Sie letztes Jahr nach dem zehnten Korn über den Kies gerutscht sind, wissen Sie noch? Auch an den Körperkontakt mit dem Surfer sollten Sie denken. Wie geht's dem eigentlich, ist er schon aus dem Krankenhaus raus? Gut, daß der von Backbord[2] kam!)

Die Jolle muß einem Dichtetest unterzogen werden. Also den Gartenschlauch suchen, wo immer er im Herbst ver-

[2] von links

räumt wurde, den Außenwasserhahn im Keller wieder anstellen und Wasser ins Boot lassen, heißt die Parole.

Der Skipper liegt anschließend wie ein Automechaniker unter dem Boot und schaut nach, wo es rausrinnt. Jetzt wäre es natürlich super, wenn man, wie in der Autowerkstatt, eines von diesen Brettern mit Rollen hätte. Hat man aber nicht. Wenn nur diese dämlichen Ölflecken auf dem Garagenboden nicht wären!

Wenn es rinnt, dann immer am Schwertkasten, wo es am schwierigsten zu reparieren ist. Zum Löcherstopfen muß die Jolle umgedreht werden. Bitte aber vorher das Wasser wieder rauslassen! (Eine Yacht muß an einem Kran aus dem Wasser gezogen werden, was die Reparaturarbeiten ungeheuer beschleunigt, weil die Kranmiete ziemlich viel Geld kostet.)

Früher wurden Löcher und Risse kalfatert, wobei es sich um eine relativ umweltfreundliche Maßnahme handelte. Heute müssen Sie mit PCB oder ähnlichem Gift hantieren, um die Kiste wieder dicht zu kriegen.

Wenn Sie alle Risse und Löcher gründlich zugeschmiert haben, können Sie endlich zum Pinsel greifen und die Schmach unfreundlicher Begegnungen der zweiten und dritten Art genüßlich überpinseln und damit aus der Welt schaffen. (Dies ist übrigens der günstigste Zeitpunkt, ein Boot zu verkaufen.)

Nun liegt der strahlend glänzende Bootskörper vor Ihnen, und es geht an die Takelage. Auch zu Masten und zum Großbaum haben Spinnen eine bedauerliche Affinität. Die um den Mast gewickelten Falle und Wanten müssen auseinandergetüdelt werden, wobei einem gern einmal die Befestigungsschäkel schmerzhaft um die Ohren fliegen. Hier sind Arbeitshandschuhe angezeigt, Drahtwanten haben kleine Widerhaken, die

sich schmerzlich in die Handflächen und Fingerkuppen einbohren.

Zum Segeln gehören unerbittlich strahlend weiße Segel.
Vergessen Sie es. Die Rost- und Stockflecken sieht man nur
ganz aus der Nähe, und das Dacron, das Zeug, aus dem heute
die meisten Segel bestehen, wird auch mit dem neuesten weißen Riesen nicht mehr sauber. Wenn Sie saubere Segel wollen,
müssen Sie jedes Jahr neue Lappen kaufen, was wie alles bei
diesem Sport nur eine reine Geldfrage ist.[3] Lediglich beim
Hobby-Cat sehen die Segel aus wie eine Faschingsdekoration,
wobei der Geschmacklosigkeit nach oben keine Grenzen gesetzt sind.

Das Auftakeln

Es ist etwas wärmer geworden, zumindest wenn man einen
Ostfriesennerz anhat; der Tag des Ansegelns naht heran, unerbittlich. Unser Schiff muß zu Wasser gebracht werden. Jetzt ist
der Yachtsegler besser dran, für ihn erledigt die schwere Arbeit der Kran. Dem Jollensegler stehen noch einmal harte kör-
perliche Arbeit, eine bis zum Bauch nasse Hose und wassergefüllte Gummistiefel ins Haus.

Wenn das Boot nun auf dem Wasser schwimmt, sieht es
zumindest von weitem aus wie neu, und die See ruft. Jetzt
geht's auf! Übrigens, es macht sich optisch günstiger, wenn
der Mast gerade steht. Bitte kalkulieren Sie auch ein bis zwei
Stunden für das Entwurschteln der Leinen ein.

Während uns nun schmerzlich bewußt wird, was wir beim
Frühjahrsputz alles vergessen haben, werden die Segelsäcke

[3] Wie bei jeder schönen Beschäftigung

geöffnet, die Segel an den bewährten Punkten festgebunden und schließlich hochgezogen. Auch sollten Sie am Anfang der Saison mehr Karramba als Bier an Bord bereithalten. Speziell die Ankerkette und vor allem die Crewmitglieder, welche mit ihr hantieren müssen, werden es Ihnen danken.

Die Stunden nach dem ersten Ablegen vom Liegeplatz bestehen darin, hier ein Tau zu lösen und dort eins zu knüpfen. Bis alles wieder so sitzt oder hängt oder steht, wie es soll, vergeht leicht ein Viertel der Segelsaison. Aber ohne diese Beschäftigung würden sich die meisten Segelsportler ohnehin zu Tode langweilen.

Immerhin, das Boot setzt sich in Bewegung, die ersten Wellen klatschen gegen die Bordwand (und von dort in die über den Winter undicht gewordenen Gummihosen, was bei dem Frühlingsklima gelegentlich zu Blasenentzündungen führt) – aber das Gefühl ist einfach wahnsinnig. (Das des Segelns, nicht das in der Hose!) Während das durch den Boden eindringende Wasser unsere Füße überschwappt (bitte Lenzpumpe und Putzeimer bereitlegen), genießen wir den Rausch erster Wenden und Halsen. Es geht ja noch! Bloß, wie war das noch mit der Vorfahrt? Der da vorne oder wir?

Yachtsegeln leicht gemacht

Irgend jemand hat mal gesagt: «Segeln ist die teuerste Art, unbequem zu reisen!» Das ist nicht wahr! Wer auch immer das gewesen sein mag, er hat noch niemals während der Hauptreisezeit von einem deutschen Flughafen aus an einer Charterreise nach Mallorca teilgenommen. Lange Warteschlangen erwarten Sie auf den Zufahrten zum Flughafen, an den Abfertigungsschaltern, bei der Ankunft an den Gepäckschaltern und auf den Straßen zum Ausgangshafen einer Segelreise. Im Flieger teilen Sie die Kabine mit mindestens vierhundert Mitreisenden. Wenn Sie aber erst einmal an Bord sind, bewohnen Sie höchstens zu acht eine etwa vier mal vier Meter große Kajüte mit einer Stehhöhe von 1,65 m. Da sich ja die Mitsegler alle gut kennen, kommen in den nächsten Tagen tragfähige Beziehungskisten auf, welche allen Unkenrufen zum Trotz sauber bleiben; Gruppensex an Bord gilt als unseemännisch, und Sie wollen doch richtige Seeleute sein!?!?

Bevor Sie in den Kahn steigen, müssen Sie die Grundregeln der Seemannschaft gründlich studieren, denn in einem Punkt unterscheiden sich Segelboote grundsätzlich von Fähren und Ausflugsdampfern: Obwohl Sie für Ihre Passage bezahlen müssen, gibt es auf den meisten Segelschiffen keine Passagiere, sondern lediglich begeisterte Mitsegler, deren höchstes Ziel es ist, sich Hautabschürfungen, wunde Finger und die schier unendliche Freiheit der Weltmeere zu erobern.

Und wissen Sie auch, wo diese unendliche Freiheit auf See anfängt? Achtung, Sie lernen jetzt das erste und für den Segelneuling wichtigste Wort der Seemannschaft: es lautet «Backschaft»! Wissen Sie, was Backschaft bedeutet? Es bedeutet, die Kombüse (Küche) aufzuräumen, es bedeutet, zu spülen, und zwar von Hand. Und mit Geschirr abtropfen lassen ist da auch nichts drin; da muß sofort abgetrocknet und gründlich aufgeräumt werden, sonst zerdeppert alles bei der nächsten Wende.

Dann muß der Gasherd gereinigt werden, da sind Suppenspritzer fest in die Chromfläche eingebrannt. Dazu muß man das Gitter über den Gasflammen abschrauben, denn im Gegensatz zu Ihrer Küche daheim muß es verschraubt sein, sonst macht es sich selbständig; das heißt, bei entsprechendem Seegang verläßt es den Herd und rutscht laut klappernd im ganzen Schiff herum. Aber keine Panik: Backschaft fällt nur dreimal am Tag an, eben nach jeder Mahlzeit.

Unser Tip für Neulinge: Sollte das Schiff im Hafen liegen und Sie die ewige Backschaft dicke haben, laden Sie einfach die Crew und den Skipper in die nächste Kneipe ein. Das kostet zwar ein paar Mark, aber Sie haben sich einen Haufen Drecksarbeit gespart!

Und noch etwas: Wissen Sie, was Demokratie ist? Vergessen Sie es, wenn Sie zum Segeln gehen. Sonst kann es Ihnen passieren, daß Sie wie Robinson Crusoe auf einer einsamen unbewohnten Insel an Land gesetzt werden, und zwar ohne Ziegen, denn die gibt es auf den heute üblichen Segelbooten nicht mehr. (Leider gibt es auch fast keine einsamen Inseln mehr.)

Aber wegen Insubordination im nächsten Hafen mit den Koffern auf dem Kai abgesetzt zu werden, ist auch nicht das Gelbe vom Ei. An Bord hat nur einer zu sagen, und das ist der Käptn. «Lieber in Gehorsam untergehen als dem Skipper widersprechen!»

Wenn Sie das Gefühl haben, der Skipper macht einen schweren Fehler oder bringt das Schiff oder Sie in Gefahr, so versuchen Sie, seine Sensibilität zu alarmieren, indem Sie plötzlich unaufgefordert Uhr und Wertsachen sicher in Ihrem Brustbeutel verstauen und sich Schwimmweste und Lifeline anlegen; des weiteren erkundigen Sie sich beim Skipper danach, wo die Rettungsmittel und die Rettungsinsel verstaut sind und in welchem Zustand sich diese Sachen befinden. Besonders Mutige sagen einfach: «Skipper, ich habe Angst!» Der wird zwar sagen: «Mut, Junge, solange ich da bin, kann dir nichts passieren!» Aber wenn er wenigstens ein bißchen sensibel ist, wird er innerlich noch einmal alle seine Maßnahmen überprüfen.

Statt dessen zu sagen: «Skipper, das ist Scheiße, was du da machst!» ist erstens undiplomatisch und wird zweitens seinen

Widerspruchsgeist noch mehr herausfordern. Die Gefahr steigt nur noch! Schlimmstenfalls legt er Ihre Worte als Meuterei aus. Kielholen ist dafür noch die geringste Strafe!

Ein letztes Wort zum Ablegen: Es gilt als laienhaft, beim Verlassen des Hafens lauthals «Ahoi» zu rufen!

Verein muß sein

Auf einem Segelboot gehen Gegenstände, welche länger als zehn Zentimeter und breiter als zwanzig Zentimeter sind, also Gepäckstücke, niemals verloren, kleinere Dinge jedoch grundsätzlich. Während Fotoapparate meist über Bord fallen und dann nur unter Einsatz des Lebens gerettet werden können, findet sich alles andere in der Bilge (sprich «Bilsch!»), gut eingeölt und daher rostfrei konserviert wieder.

Damit Sie auf Unbilden jeglicher Art, und auf dem Wasser gibt es eine Unzahl davon, besser vorbereitet sind, hat der heilige St. Erasmus einen höheren Geist werden lassen, welcher Sie in die Regeln der christlichen Seefahrt einführen soll, das Vereinswesen. Dieses wurde ursprünglich von den Engländern erfunden und ist zurückzuführen auf die dort üblichen Trinkgewohnheiten.

Jeder Engländer, welcher gerne mal einen trinkt, muß in einen Verein gehen – die Pubs in England schließen nämlich immer genau dann, wenn der Durst seinen Höhepunkt erreicht hat, und danach darf der Brite nur noch daheim oder in einem Club trinken. Nachdem auch in England das Matriarchat herrscht, war die Erfindung der Clubs eine logische Entwicklung. Wer keinen passenden Club für sich fand, gründete sich selber einen.

So geschah es auch 1720 in Irland, welches damals noch von

den Engländern beherrscht wurde. Dort wurde der «Cork Water Club» als erster Yachtclub der Welt ins Leben gerufen, und er nannte sich «Water Club», weil das unverfänglicher gegenüber den damals zum Segelsport noch nicht zugelassenen Damen klang (Tempora mutantur et nos mutamur in illis). Einem Gerücht zu Folge hatte der «Cork Water Club» seinen Namen der Clubregel Nummer 1 zu verdanken, wonach allen Mitgliedern der Genuß von Wasser bei Androhung des Verlustes der Mitgliedschaft strengstens verboten war. Wer die englischen Trinkwasserverhältnisse kennt, weiß, daß es sich dabei ausschließlich um eine hygienische Maßnahme gehandelt haben kann.

Dies alles berücksichtigend darf man vermuten, daß sich das Clubleben des «Cork Water Clubs» ehedem vornehmlich an Land abspielte. Damals nannte man übrigens Segelschiffe, welche keinem ernsthaften Transportzweck dienten, «Lustboote». Diese so treffende Bezeichnung ist leider nicht mehr üblich.

In Deutschland war man, was die Gründung von Segelvereinen betraf, etwas hintendran. Dieses Manko wurde jedoch mit deutscher Gründlichkeit in kürzester Zeit nachgeholt, wobei es weniger um Trinkgewohnheiten als vielmehr darum ging, deutsche Ordnung ins Seglerwesen zu bringen. Kaum waren die ersten fünf deutschen Segelclubs gegründet, gab es auch schon, sozusagen als eine Art Oberclub, den Deutschen Segler-Verband.

Ordnung an sich bringt nichts, wenn sich nicht mindestens einige hundert Deutsche danach richten. Insofern war die Gründung eine Art unvermeidbares Übel. Ein Verband lebt in seinen Ausschüssen und seinen Arbeitsgruppen. In ihnen sammelt sich der Ausschuß der deutschen Segelclubs.

Seit der DSV gegründet wurde, entscheidet er darüber, wann und woher der Wind weht, welche Gebühren die ihm angeschlossenen Vereine an ihn entrichten müssen und welche Fahne der Segler mit sich führen darf. Die Entscheidungen fallen in seinen Ausschüssen. Der für den deutschen Segler wichtigste Ausschuß ist jener, welcher für die Ausstellung der Führerscheine zuständig zeichnet.

Nun müssen Sie nicht gleich zusammenzucken: Erstens sind die Segelführerscheine inzwischen billiger zu erwerben als der Autoführerschein, zweitens gibt es auf See (noch) keine Alkoholkontrollen, und drittens gelten die Führerscheine bisher nur in Deutschland, in den meisten anderen Ländern wurde dieser Masochismus nicht nachgemacht. Lediglich die traditionellen Seefahrernationen Schweiz und Österreich bieten vergleichsweise Papiere an.

In der kommenden Europäischen Union bestehen diesbezüglich noch keine ernsthaften Pläne. Sollten die Deutschen aber jemals dort die Oberhand gewinnen, dann werden die Franzosen wohl ein «Permis de conduire sur lac» [4] als A-Schein von uns übernehmen müssen. Vermutlich aus Angst vor solchen Beweisen deutscher Gründlichkeit sind die Franzosen die einzige Nation, welche die Schiffsausweise des Deutschen Segler-Verbandes nicht anerkennen und einen staatlichen Schein als Schiffspapier verlangen. Und auch dafür erfanden wir eine typisch deutsche Bezeichnung: Dieses Papier heißt offiziell «Rechtslagebescheinigung» – welch treffende Bezeichnung. Sie sollten diese Bezeichnung jedoch ganz unpolitisch sehen!

Dabei bleibt eine Frage ungeklärt: Gilt die Rechtslagebescheinigung auch dann, wenn wir auf dem Backbordbug segelnd einen französischen Hafen anlaufen? Der Ausschuß für Rechtsfragen des DSV widmet seine Tätigkeit der Lösung dieser wichtigen, die internationale Sicherheit betreffende Frage.

[4] Erlaubnis, auf einem See zu fahren

Das Führerscheinwesen

Dieser typisch deutsche Homo sapiens beherrscht den aufrechten Gang, weiß stets genau, woher der Wind weht und ist ehrfurchtsvoll mit «Sie» anzusprechen (wenn überhaupt). Er trägt einen dunkelblauen Blazer mit goldenen Knöpfen, in welche ein Anker eingraviert ist. Im Revers führt er ein buntes Abzeichen in Form einer dreieckigen Fahne. Ein weißes Hemd und eine dunkelblaue Krawatte vollenden seine Erscheinung.

Das Führerscheinwesen erscheint aus heiterem Himmel bei den Prüfungen und stellt im Namen des Deutschen Segler-Verbandes Fragen an den Führerscheinaspiranten, welche tunlichst so beantwortet werden sollten, wie Sie es in der jeweiligen Segelschule gelernt haben, unabhängig davon, ob sie logisch erscheinen oder nicht. Insofern unterscheiden sich die Fragen nicht von denen, welche Sie in unseren normalen Schulen beantworten mußten. Bitte verkneifen Sie sich während der Prüfung jegliches Lachen oder auch Lächeln, das Führerscheinwesen mag dergleichen gar nicht. Auch Gegenfragen sind unangebracht. Denken Sie immer daran, daß Sie sich selbst entschlossen haben, ein im Prinzip völlig nutzloses Papier zu erwerben. Unter diesen Umständen müssen Sie eben auch nutz- oder sinnlose Fragen in Kauf nehmen.

Die Führerscheine des Deutschen Segler-Verbandes (DSV)

Die Führerscheine des DSV unterscheiden sich von denen des Straßenverkehrs in einem wesentlichen Punkt: Mit dem Führerschein der Klasse 1 dürfen Sie nur Motorrad fahren, aber in ganz Deutschland. Mit dem Führerschein A des DSV dürfen

Sie nur auf bestimmten Gewässern umherfahren, aber Schiffe aller Größen. Und im Kleingedruckten der Prüfungsvorschriften des DSV gibt es sogar den Hinweis, daß Sie die Prüfung auf Ihrem eigenen Boot ablegen dürfen. Demzufolge ist es theoretisch möglich, sich ein zweihundert Meter langes Segelschiff auf das Zwischenahner Meer zu legen und darauf die Prüfung für den A-Schein abzulegen. (Die Gesichter der DSV-Prüfer würde ich dabei liebend gerne sehen!) Theoretisch ist es ebenso möglich, den C-Schein auf einem Laser abzulegen, vorausgesetzt, er hat einen Sextanten, einen Anker und einen Funkpeiler an Bord, wobei es sich in dieser Situation bewährt, wenn der Prüfer Gummihosen und Schwimmweste zur Prüfung mitbringt.

Daraus kann man klar erkennen, daß die Segelscheine ihre eigene innere Logik besitzen. Vielleicht liegt darin der Grund, daß es ihnen immer noch bedauernswerterweise an der internationalen Anerkennung fehlt. Trotz allem ist die ganze Geschichte mit den Führerscheinen nicht so blöd, wie sie aussieht, die Mehrzahl der Führerscheinanwärter verhält sich hackenzusammenschlagend ganz normal und lernt dabei sogar etwas übers Segeln.

Am gescheitesten wäre es für den Segler, sofort den C-Schein zu machen. Damit darf er nämlich überall rumsegeln. Aber die Vorschriften verbieten das. Schließlich leben der DSV und seine Segelprüfer recht gut von den Prüfungsgebühren (und die Segelschulen von den für jeden Schein vorgeschriebenen Seemeilenbestätigungen).

Der Führerschein A: Er ist das Chamäleon unter den Segelscheinen; in den letzten zwanzig Jahren hat er sich mehrfach erheblich gewandelt. Zunächst galt er nur für Segelboote und nur für Binnenseen. Dann erkannte der DSV, daß man auch mit Jollen auf dem Meer segeln kann, und er wurde erweitert, dann erkannte der DSV, daß man auch auf einer Jolle einen Hilfsmotor, sprich Flautenschieber, führen darf, und er wurde erweitert, dann erkannte der DSV, daß er als Grundlage für den BR-Schein ersetzbar ist, und er wurde für ersetzlich erklärt. Unser ganzer Verlag ist gespannt, was demnächst wieder mit ihm passiert.

Der BR-Schein: Wer A sagte, sollte auch B sagen; am BR-Schein scheiden sich aber die Geister. Denn eigentlich geht es mit ihm hinaus auf das offene Meer, aber nach den Wünschen des DSV nie weiter als drei Seemeilen. Wollen Sie noch weiter raus, dann müssen Sie den BK-Schein machen, welcher sich vom BR-Schein lediglich durch das Hinzufügen der Funknavigation unterscheidet. Alle übrigen Prüfungsfragen sind die gleichen, nur noch unverständlicher formuliert.

Der BK-Schein: Ihn zeichnet, wie gesagt, die Funknavigation aus, ein herrliches Betätigungsfeld für all die Menschen, die aus einer ganz einfachen Angelegenheit eine höchst komplizierte Materie machen wollen, und davon gibt es bei den Freizeitskippern leider eine ganze Menge. Es existiert sogar ein ganzes Buch über die «Funknavigation auf kleinen Schiffen» und es zu entziffern ist schwieriger als der Umgang mit der ägyptischen Keilschrift. Für Otto Normalverbraucher bieten sich nun zwei Möglichkeiten an:

1. Er geht in ein gängiges Wassersportgeschäft, kauft sich einen Funkpeilkompaß, sucht sich auf der Seekarte den nächsten internationalen Flughafen, liest die dort vermerkten Erkennungszeichen und Frequenz nach, stellt mittels des auf dem Peilgerät angebrachten handlichen Knopfes diese Frequenz ein und liest die Richtung ab, in welcher der Piepston des Senders am leisesten ist. In der Richtung liegt der Sender. Gelingt ihm das bei einem zweiten Sender, dann hat er sogar seinen genauen Standort. So einfach ist das. (Ist er noch cleverer, dann

kauft er sich gleich ein kleines Loran-C-Gerät. Das kostet nicht viel mehr und ist noch einfacher zu handhaben.)

2. Hat er aber die hohen hehren Ziele der deutschen Seemannschaft im Kopf, oder ist er ein Bewunderer der Deutschen Bundespost, dann muß er leider einen etwas beschwerlicheren Weg einschlagen. Zunächst bucht er bei einer der zahlreichen Segelschulen einen sechsmonatigen Theoriekurs, in der Regel drei Doppelstunden pro Woche. Dazu gehören die entsprechenden Le(e)hrbücher, uralte Peilgeräte und eine große Portion Mengenlehre, des weiteren ein Gehirn wie Rudolf Heisenberg es hatte, mehrere gut geölte Taschenrechner und ein Merkvermögen wie ein Erstkläßler. Jetzt geht's ans Büffeln. Zum Beispiel heißt auf funknavigatorisch leise «Minimum» und laut «Maximum». (Nach dieser Nomenklatur oder besser nach diesem Fachkauderwelsch müßte alles dazwischen «Minimax»[5] heißen.) Die Peilantenne heißt «Ferritstab», vergessen Sie bitte diese wichtigen Ausdrücke nicht; Sie müssen nicht unbedingt wissen, was sie bedeuten und sie in der Prüfung ganz nonchalant in Ihren Text einfließen lassen! Das FTZ[6] ist in Darmstadt und hoffentlich auf Ihrem Peilgerät mit Nummer verzeichnet. Es hat im Ausland keinerlei Bedeutung, dort, wo Sie mit Ihrem BK-Schein segeln.

Bitte unterlassen Sie es auf jeden Fall, Flugfunkfeuer anzupeilen, das gehört sich in Seglerkreisen nicht. Die sind nämlich zu leicht zu finden und zu einfach zu erkennen. Ein anständiges Seefunkfeuer sendet nicht andauernd, wie ein Flugfunkfeuer, sondern nur zu bestimmten Zeiten; wann Sie ein Seefunkfeuer hören können, das entscheidet die Qualität Ihrer Borduhr, die

[5] Achtung: Auf See bitte in der Ausführung ABCE!!
[6] Fernmeldetechnisches Zentralamt. Vergessen Sie das! Wenn Sie FTZ sagen, klingt das profihafter!

Frage, ob Sie die entsprechenden Nachschlagewerke dabeihaben, worin die Sendezeiten aufgeführt sind, und ob Sie das Oberrealschulabitur in Mathematik besitzen. Diese drei Grundfaktoren sind wichtige Voraussetzungen dafür, ob Sie überhaupt peilen dürfen, geschweige denn können.

Dann müssen Sie die Wellenformel lernen. Sie lautet: $c = f$ mal lambda, wobei lambda $= 300\,000\,000$ m/s geteilt durch $300\,000$ Khz $= 1000$ m sind. Am besten schreiben Sie sich diese Formel auf; nur dürfen Sie sich in der Prüfung mit diesem Spickzettel nicht erwischen lassen!

Funkwellen haben ihre eigenen Gesetzmäßigkeiten: Die Wellenhöhe hängt nicht von der Windstärke ab, die Wellenlänge nicht von der Wassertiefe. Übrigens verwendet man heute nur ungedämpfte Wellen, auch auf Binnengewässern. Keine Angst, auch ungedämpfte Wellen können Ihr Segelschiff nicht zum Kentern bringen!

Ein weiterer wichtiger Punkt ist die Loxodrombeschikkung; für sie sind aber nicht die sogenannten «gelben» Dienste der Bundespost zuständig, sondern das DHI, das Deutsche Hydrographische Institut (siehe unter Gezeitenkunde). Es hat auch keinen Sinn, sich wegen der Beschickung an einen der privaten Paketdienste zu wenden, das würde laienhaft wirken!

Aber die Prüfungsvorschriften für den BK-Schein haben insgesamt auch einen sehr positiven Faktor: Vor der Prüfung muß der Aspirant auf den BK-Schein 1000 Seemeilen gesegelt sein, und dabei lernt er wirklich was!

Der C-Schein: Wenn Sie den erst einmal haben, dürfen Sie wie Rollo Gebhardt um die ganze Welt segeln, wobei der das mehrmals tat, ohne über dieses Papier aller Papiere zu verfügen. Der C-Schein ist der Mercedes unter den Segelscheinen, weswegen die Zahl der C-Scheininhaber logischerweise begrenzt ist. Was der Mercedes an Geld kostet, kostet der

C-Schein an Großhirnzellen. Zunächst einmal gehört zum C-Schein das Wiederauffrischen all der Dinge, welche Sie zum BK-Schein lernen mußten, unter anderem dürfen Sie die Funknavigation auf keinen Fall vergessen haben. Das Schwierigste und Wichtigste bei der C-Scheinprüfung ist allerdings die Astronavigation, die Kunst, aus den Sternen zu lesen.

Astronavigation geht ungefähr so: Wenn die Sonne im zwölften Haus steht, ist sie ungeeignet zum Schießen. Sie können dann auch Uranus und Neptun vergessen. Die Mittagsbreite ermitteln Sie am besten vormittags und nachmittags, vorausgesetzt, die Sonne scheint. Auch am späten Abend erweist sich die Astronavigation oft als kompliziert, denn Sie brauchen eine ruhige Hand und einen nüchternen (!) Kopf, um Ihren Schiffsort auszurechnen.

Die Astronavigation hat auch nichts mit Waage, Skorpion oder Zwilling zu tun. Seeleute sind zwar Wassermänner und essen (meist) gerne Fisch, vor allem opfern sie gerne den Fischen, aber die Sternzeichen bleiben der Astrologie vorbehalten, die allerdings eines mit der Astronavigation gemeinsam hat: Die Genauigkeit ihrer Aussage.

Wer den C-Schein einmal besitzt, ist der «King» in jedem Segelclub. Wenn der C-Scheininhaber nun beschließt, um die Welt zu segeln, sollte er eines bedenken: Weder gegen die Piraten im südostasiatischen Bereich noch in der Karibik nützt Wissen etwas; dort ist eine gut funktionierende Maschinenpistole mehr wert als ausreichend Großhirnrinde!

Zur Astronavigation brauchen Sie einen Sextanten, ein kompliziertes Gerät, mit welchem Sie den Winkel zwischen der Sonne oder den Sternen und dem Horizont messen müssen. Am besten geht das natürlich auf trockener Erde. Sobald ein Schiff wackelt, und vor allem Segelboote haben eine traurige Neigung dazu, sehen Sie im Sextanten entweder den blauen Himmel oder den dunklen Horizont, fast nie aber beides gleichzeitig.

Sollte es Ihnen unter diesen widrigen Umständen trotzdem gelingen, einen brauchbaren Winkel zu messen, geht es erst richtig los. Jetzt müssen Sie damit auch noch etwas anfangen. Zum Glück gibt es Computer, denn die Rechnungen, die zur Standortbestimmung notwendig sind, könnten einen Mathelehrer zur Weißglut bringen. Nach Abschluß aller Berechnungen haben Sie einen gegißten Standort. Dabei bedeutet «gegißt» nichts anderes als «vermutet», nur klingt es fachmännischer.

Übrigens, um mittels der Astronavigation einen gegißten Standort zu berechnen, brauchen Sie einen gegißten Standort. Sonst geht die Berechnung nicht auf. Sie werden mir Recht geben, wenn ich Ihnen empfehle, besser doch von vornherein zu wissen, wo Sie sich befinden. (Oder ein Loran-C-Gerät zu kaufen.)

Das Sprechfunkzeugnis

Das Alpha-Bravo-Charly des Segelns auf dem offenen Meer ist die Unterhaltung mit anderen Seglern, im Heck mit einem Glas in der Hand, per «Mike»[7] mit einem andern Skipper, am besten jenseits des Horizontes. Da trifft man mitten auf dem Meer ganze Kuh-Gruppen an, und es handelt sich dabei keineswegs um Seekühe. Wie sich an Land das Autotelefon, das schnurlose Telefonieren und der CB-Funk immer mehr ausbreiten, so ist auch auf den Segelyachten die akute Telefonitis ausgebrochen.

[7] Mit dem Mikrofon, Sie Laie!

Aber vor die Möglichkeit, auch hier pausenlos zum Hörer zu greifen, hat die Deutsche Bundespost eine Prüfung gesetzt, und zwar eine der schwersten Prüfungen, die uns in unserem Leben heimsuchen können. Wenn Sie glauben, die C-Scheinprüfung sei schwer, dann machen Sie erst mal das Sprechfunkzeugnis. Wissen Sie, wie man einen französischen Goldfranken in Gebühreneinheiten umrechnet? Was, das wissen Sie nicht? Dann gehen Sie gar nicht erst zur Prüfung, sondern noch einmal nach Hause, nehmen Sie die entsprechenden Lehrbücher in die Hand, setzen Sie sich auf einen nassen Lappen und repetieren Sie das Ganze noch einmal!

Die Segelschulen

Segelschulen haben mit normalen Schulen ein paar Kleinigkeiten gemeinsam: Erstens gibt es dort Lehrer, zweitens müssen Sie dort pauken, und drittens können Sie sich den dort gelehrten Stoff genausowenig merken wie damals in der Schule. Sie haben aber auch ein paar Vorteile: Erstens gibt es keinen Schulzwang, das heißt, wenn Sie nicht kommen, werden Sie weder vom Jugendamt noch von der Polizei vorgeführt, zweitens sind die Segellehrer meist recht lockere Typen, welche ihren Job mehr als Hobby denn als Beruf ansehen und daher nicht so angsteinflößend wirken, und drittens findet ein großer Teil des Unterrichts nicht in miefigen Klassenzimmern mit dem typischen Linoleum-Bohnerwachsgeruch, sondern im Freien auf dem Wasser statt. Und noch ein wichtiger Punkt: Für die Segelschulen ist es ein wichtiger Werbefaktor, daß ihre Schüler die Prüfungen bestehen; dementsprechend bemühen sie sich viel mehr um Sie als in den öffentlichen Schulen. (Über die Versetzungsquoten führt kein Schulamt Buch!)

Flaggenführung

Im folgenden zitiere ich auszugsweise aus den entsprechenden Gesetzesbüchern: Jeder seegehende Skipper = Kapitän eines Segelbootes hat eine Fahne zu haben! (Der Originalton dieses Gesetzes würde das vorliegende Werk auf den Umfang des kleinen Brockhaus aufblasen.) Ein seegehender Skipper geht keineswegs wie unser Herr Jesus auf dem Wasser, er fährt vielmehr mit einem Boot. Die Segler nennen das nur so!

Wer bei einer Regatta eine Fahne hat, muß ausscheiden. Die Fahne sollte etwa die Verhältnisse eines guten Martini-Cocktails aufweisen, also 10 Teile Gin (waagerecht) auf 6 Teile Martini (senkrecht). (Nehmen wir mal an, die Fahnenstange entspricht dem Zahnstocher in der Olive.)

Die Fahne ist vom 1. Mai bis zum 30. September zu führen. (Martini-Cocktails dürfen Sie auch im Winter trinken!) Die Nichtbeachtung der Flaggenparade – also der Verzicht auf Cocktails – wird als Mißachtung des Deutschen Segler-Verbandes ausgelegt. Die diesbezüglichen Strafen sollen grauenhaft sein, bis hin zum Entzug der Mitgliedschaft (Kenner schreckt das nicht, die so eingesparten Mitgliedsgebühren können in jedem nationalen und internationalen Hafen in Cocktails umgesetzt werden).[8]

Und überhaupt, an Bord eines Schiffes gibt es gar keine Fahnen, sondern nur Flaggen. Aber nicht nur aus diesem Grund sollten Sie unbedingt darauf verzichten, das Lied «Wenn die bunten Fahnen wehen» anzustimmen, es gibt Zeiten, und in einer solchen leben wir, da erweisen sich solche Gesänge als

---

[8] Merke: Cocktails dürfen trotz ihres Namens nicht nur im Cockpit, sondern auch auf dem Vorschiff getrunken werden!

nicht opportun, speziell in Gegenwart unserer ausländischen Brüder und Schwestern.

Natürlich dürfen Sie die Fahne, Verzeihung, die Flagge, nicht irgendwo, zum Beispiel mit Wäscheklammern an der Reling, aufhängen. Die deutsche Flagge muß am hinteren Ende des Schiffes so angebracht werden, daß sie frei fällt. (Bitte nicht über Bord!) Bei Anbruch der Dämmerung ist die Nationalflagge abzunehmen, allerdings nur in Deutschland. Die anderen Länder genieren sich weniger und lassen sie von März bis Oktober draußen hängen, was den Vorteil hat, daß ihre Flaggen am Ende der Segelsaison viel mehr Patina zeigen, das macht sich später im Wohnzimmer besser.

Apropos Wohnzimmer: Auch wenn Ihre Frau über den Staub schimpft – in das Wohnzimmer eines jeden Seglers gehört eine Ecke, in welcher er seine Flaggen aufhängt, so wie ein Jäger seine Trophäen. (Trotzdem gilt es als unseemännisch, die Fahnen der Nachbarboote abzuschießen, um die eigene Trophäenwand zu vergrößern!)

Bootskunde

Nein, nicht was Sie schon wieder denken – «der» Bootskunde ist jemand, der sich auf einer Bootsmesse ein Boot andrehen läßt, das erstens zu teuer, zweitens nach einem Jahr zu kurz ist und das drittens während der Winterzeit, welche ja in unseren Breiten meist etwas länger dauert als die Sommerzeit, weder in der Garage Platz findet, noch auf das Grundstück paßt.[9]

«Die» Bootskunde dagegen ist eine Zusammenfassung der

[9] Surfer siehe Band 2 (erscheint 1997 oder später).

36

Regeln, die besagen, wie ein Segelboot aussehen muß, damit es zum einen nicht beim ersten Kontakt mit Wasser untergeht, zum anderen in der Lage ist, Sie auch auf dem Wasser auf dem Trockenen sitzen zu lassen und drittens bei all den anderen Leuten, die auch ein Boot besitzen, nicht Gelächter, sondern ergebene Bewunderung auslöst.

Merke: Länge läuft!

Wie ein Segelboot aussehen sollte: Das vordere Ende einer Jolle oder Yacht[10] ist mehr oder weniger spitz; dies macht es dem Laien leicht, es vom hinteren Ende zu unterscheiden, kann aber bei zu hastigem Einsteigen von vorn zu stumpfen Bauchverletzungen[11] führen.

Das hintere Ende[12] dagegen ist meist abgeplattet, damit es beim Anbumsen an den Kai oder Steg diesen nicht so heftig beschädigen kann. Außerdem läßt sich dort leichter eine Badeleiter befestigen. (Natürlich nur für mitfahrende Landratten, Mitglieder des DSV oder echte Seeleute baden niemals vom Boot aus!)

Mitten im Segelboot steht eine Stange[13], an welchem die Segel aufgehängt werden. Von der Stangenspitze[14] gehen Drahtseile[15] zum Bootsdeck, welche die Stange geradehalten sollen, was leider nicht immer gelingt. Knapp über der Oberfläche des Bootes[16] ragt eine weitere Stange[17] von der senkrechten Stange nach hinten. Sie dient dazu, den unteren Rand

---

[10] Bug
[11] Milzriß
[12] Heck
[13] Mast
[14] Top
[15] Wanten
[16] Deck
[17] Großbaum

des Großsegels [18] festzuhalten, manchmal aber auch dazu, das Deck von mißliebigen Mitseglern zu befreien [19].

Am hinteren Ende des Bootes sehen Sie dann meistens eine Platte [20], welche den Zweck hat, das Boot in eine [21] bestimmte Richtung zu lenken und eine Art Quirl [22], welcher das Boot vorwärts treiben soll, wenn kein Wind ist [23].

Auf dem Boot stehen Bänke und manchmal auch ein Tisch, auf welchem sich samstags und sonntags Tee, Kaffee, Bier, Kuchen und verschiedene Essensreste finden. Größere Boote besitzen meist noch ein Haus [24], in welchem sich Betten [25] und eine Toilette befinden, welche Sie aber nicht benützen dürfen. [26] Es gibt auch Segelboote, welche zwei Stangen haben, um daran Segeltücher aufzuhängen. Der Fachmann spricht dann von einer «Kätsch» oder «Jaul». Lassen Sie sich ja nicht dazu verführen, auch diese Ausdrücke zu verwenden. Zum einen streiten sich selbst Fachleute um den Unterschied zwischen den beiden Typen, zum anderen können Sie nichts falsch machen, wenn Sie einfach «Zweimaster» sagen [27]. Größere Se-

---

[18] Das Großsegel ist stets das kleine Segel auf einem Segelboot, das große Segel heißt dagegen Vorsegel und ist immer oder fast immer größer als das Großsegel. Segeln ist ein sehr verwirrender Sport, um einen Teil davon zu beseitigen, lesen Sie ja gerade dieses Buch!

[19] siehe unter «Kopfplatzwunde» oder auch unter «Mann über Bord»!

[20] Ruder

[21] vom Wind oder der Strömung

[22] Schraube

[23] Flaute

[24] Kajüte

[25] Kojen

[26] Kenner erledigen ihr kleines oder großes Geschäft, indem sie eine kleine Badepause einlegen. Auf diese Weise werden unsere sauberen Gewässer davor beschützt, mit Toilettenergüssen verunreinigt zu werden.

[27] um Himmels willen nicht «Zwei-Stangen-Boot»

gelboote[28] schützen mittels eines Zauns[29] ringsum ihre Fahrgäste davor, ins umliegende Wasser zu fallen, vor allem dann, wenn die Chartergebühren noch nicht bezahlt sind.

Die Bootstypen (A)

Bootstypen unterscheiden sich von Landratten nicht nur durch ihre Kleidung. Eine wettergegerbte Haut, Sorgenfalten auf der Stirn, Lachfalten um die Augen und ein wasserheller fester Blick prägt ihr seemännisches Aussehen. Sie strahlen Sport und Gesundheit aus, zumindest an Land und bei glattem Wasser. Nur bei mäßigem Seegang neigt ihr Teint dazu, einen leichten Stich ins Grünliche zu entwickeln. Um den Hals oder am Handgelenk tragen sie ein Geflecht aus Bindfaden, an welchem zumindest ein Schäkel, oft aber auch eine Trillerpfeife hängt, beim Gehen lässig durch die Gegend geschwungen. Ältere Skipper neigen zu einem feinen Tatterich, was nicht heißt, daß sie ängstlich sind; der häufige tiefe Blick ins Glas[30] hat das ausgelöst.

Seeleute trinken nicht, zumindest niemals Wasser. Deshalb gehen sie auch nie schwimmen, zu leicht könnte ein Tropfen Wasser in ihren Mund gelangen, ein gräßlicher Gedanke.

Überhaupt sind Bootstypen wasserscheu, schließlich kennen sie ihr Element. Daß sich diese Abneigung auch auf Badewannen und Duschen erstrecken soll, ist ein böswilliges Gerücht.

An Land zeigen Seeleute einen wiegenden breitbeinigen

[28] Yachten
[29] Reling
[30] Fernglas natürlich

Gang, wie wir bereits aus «Gorch Fock» wissen. Diese Art zu gehen ist sehr schwer zu erlernen, wird aber an allen Segelschulen intensiv gelehrt, da sie zu den ältesten seemännischen Traditionen gehört. Der Grund für diese Eigenart konnte bisher auch von den Historikern nicht geklärt werden. Trotzdem hilft sie, echte Seeleute von echten Landratten auch schon von weitem zu unterscheiden.

Auch in feinster Ausgehmontur an Land können Sie Segelsportler deutlich erkennen: Statt Ringe tragen sie an den Händen mindestens drei bis vier mehr oder weniger saubere Pflaster, dazu an den Knöcheln der meisten Fingergelenke getrocknete Blutkrusten und Schrunden, in einer Art endloser Abheilung begriffen, eine wahre Sisyphusarbeit der Natur. Manchmal fehlen auch ein oder zwei Finger ganz, diese Seeleute bedienen an Bord das Ankerspill, ein Gerät, das ähnliche Funktionen zeigt wie ein Fleischwolf. Sollte es sich bei den Bootstypen um Brillenträger handeln, so tragen sie die Brille an einem Bindfaden um den Hals.

Die Bootstypen (B)

Wie bereits anfangs beschrieben, gibt es Segelboote mit einem Mast und mit zwei Masten, ja sogar mit mehr als zwei Masten. Der kluge Segeladept konzentriert sich von Anfang an auf die Boote mit zwei oder mehr Masten, die kippen nämlich fast nie um. Sie haben nur den Nachteil, daß sie auf den meisten Binnenseen keinen Platz haben und überhaupt recht unhandlich sind. Sie neigen dazu, häufig irgendwo Bodenberührung zu bekommen, passen nicht auf einen Bootsanhänger und sind recht teuer, sowohl in der Herstellung als auch in der Unterhaltung. Um Ihnen den Einstieg in die verschiedenen Boots-

typen zu erleichtern, seien die wichtigsten Eigenschaften der Bauarten aufgezählt, die unsere Seen und Weltmeere beherrschen.

1. Jollen: Sie haben einen flachen Boden, sind klein, kippelig und schnell; in der Mitte haben sie ein Schwert, das nach unten ins Wasser zeigt, stark zum Rosten neigt und als Kriegswaffe völlig ungeeignet ist. Jollen können eine, zwei oder drei Personen relativ sicher übers Wasser befördern, solange Windstille herrscht. Jollen besitzen meist keinen Motor, weshalb es anstrengend werden kann, sie bei Flaute wieder in den Hafen zu paddeln. (Flaute tritt immer dann ein, wenn wir den weitesten Punkt vom Ausgangshafen erreicht haben, es Abend zu werden beginnt und das Bier und die belegten Brote zu Ende sind!)

Jollen haben kein Klo an Bord, deswegen wird von ihnen aus regelmäßig gebadet, wobei es ungleich schwerer ist, aus dem Wasser in das Cockpit einer Jolle zu klettern als auf das Deck einer Yacht (auf welcher es in der Regel ein Klo gibt). Diesen Widerspruch in sich können unsere Bootswerften leider bisher nicht befriedigend erklären.

An Land können Sie einen Jollensegler leicht von einem Yachtsegler unterscheiden. (An seinem nassen Hintern. Jollenmitsegler sind meistens am ganzen Körper naß.) Einem Gerücht zufolge sollen Jollen unsinkbar sein. Probieren Sie es aber besser nicht aus!

Jollen passen auf einen Bootsanhänger und in die Garage, dann aber leider das Auto nicht mehr. (Es sei denn, Sie haben eine Doppelgarage. Dann muß das Auto Ihrer Frau eben den Winter über draußen bleiben. Was soll's, ein Sport verlangt seine Opfer.)

Jollentypen haben einen klangvollen Namen, der aber nichts mit den eigentlichen Eigenschaften des jeweiligen Bootes zu tun haben. So können auch Holländer mit einem «Flying

Dutchman» nicht fliegen, ein «Pirat» ist denkbar ungeeignet, damit andere Wassersportler zu überfallen und zu berauben, mit einem «Laser» können Sie weder Gallensteine zertrümmern noch Banksafes knacken, für den «Korsar» gilt, was für den Pirat gilt, auch wenn er rot angestrichen ist, in einem «Finndinghi» finden Sie höchst selten Finnen, es sei denn in der östlichen Ostsee oder bei der Olympiade, die «Soling» gibt's nicht nur in Solingen, außerdem ist das gar keine Jolle, und mit dem «Optimisten» können Sie genauso ins Wasser fallen wie mit jeder anderen Jolle, so optimistisch Sie auch in See stechen. Und wenn Sie gerne etwas für die Umwelt tun wollen, so nützt es nichts, einen «Cat» zu segeln.

2. Yachten: Sie tragen unter ihrem Boden ein zentnerschweres Gewicht, welches den Zweck hat zu verhindern, daß sie umkippen. Zum Glück stimmt diese Theorie meist mit der Praxis überein. Die Yachtwerften beherrschen die Hebelgesetze recht gut und bauen daher das Gewicht in einem möglichst großen Abstand vom Schiffsboden an. Das hat aber leider einen schwerwiegenden Nachteil: Das Boot bekommt einen großen Tiefgang, oder, mit anderen Worten, mit einer Yacht können Sie niemals den schönsten Strand ansteuern, ohne lästige Bodenberührung zu bekommen.

Beobachten Sie einfach mal, was passiert, wenn eine Yacht schnell auf einen Strand zufährt; kurz bevor sie tatsächlich in Fußgängerreichweite zum Ufer kommt, laufen plötzlich alle Crewmitglieder ganz schnell nach vorne, die, die vorne stehen, fallen über Bord, und der Rudergänger hängt stöhnend über seinem Ruder: Die Yacht hat soeben Kontakt mit dem Meeresboden aufgenommen. (Übrigens eine der wenigen erfolgreichen Methoden, ein Schiff auf einer Strecke von 50 cm zum Stehen zu kriegen.)

Yachten sind die Campingbusse der Seeleute. An Bord finden sich zum Beispiel Betten, die, vergleichbar denen im Campingzelt, die Tendenz zeigen, ständig feuchtkalt zu sein. Auf Yachten wird wie beim Camping auf Gaskochern gekocht und das Essen schmeckt dementsprechend, Eintopf, Eintopf, Eintopf. Dazwischen wird Erbsensuppe gereicht. Liegt eine solche Yacht im Hafen, schmücken die Reling reichlich männliche und weibliche Unterwäsche, Handtücher und Bettdecken.

Alte Yachtsegler tragen meist einen Vollbart. Dieser dient nicht etwa als Gesichtsschmuck, sondern ist lediglich die Folge davon, daß man sich in den Yachttoiletten beim Rasieren grundsätzlich den Schädel anhaut, wenn man sich unterhalb des Mundes rasieren will. Versuchen Sie es mal, Sie werden verstehen, was ich meine.

Die Kajüte

Das Wort «Kajüte» dient nicht nur zwischen Kampen und Konstanz als Name für Kneipen, welche von Wassersportlern heimgesucht werden sollen. Es ist gleichzeitig der seemännische Fachausdruck für den mehr oder weniger geglückten Innenausbau einer Segelyacht, sozusagen für den überdachten Teil jedes Schiffes. Größere Yachten haben unter Deck eine 1- bis 2-Zimmer-Wohnung, volle Stehhöhe haben aber nur sehr große Wohnungen auf sehr großen Yachten. Der kluge Segelgast führt daher auch unter Deck immer einen Sturzhelm mit sich.

Der Segelneuling lernt immer als erstes die Kombüse des Bootes kennen. An Land nennt man die Kombüse Küche, eine Schiffskombüse allerdings mit einer Küche vergleichen zu wollen, zeugt entweder von Größenwahn oder vom Verlust klaren Denkvermögens[31]. Eine normale Schiffskombüse ist ziemlich exakt so groß wie Ihre Toilette zu Hause. In der Kombüse wird vornehmlich abgespült (vom Segelneuling!). Man kann in der Kombüse auch kochen, das tun meist höhergestellte Persönlichkeiten an Bord.

Die Komplikationen in der Kombüse beginnen mit dem Herd. Er ist nicht fest montiert, sondern aufgehängt, was bewirken soll, daß er auch bei Schlagseite immer gerade hängt. Leider funktioniert das zum einen meist nicht, zum anderen sind bei dieser Art Aufhängung nur seitliche Bewegungen berücksichtigt. Beim Schaukeln in Längsrichtung tun Sie gut daran, den Wasserkessel mittels zweier Asbesthandschuhe ständig festzuhalten. Ohne derartigen Handschutz verbrennen Sie sich an der Gasflamme Ihre Pfoten. Die Flamme steigt nämlich immer senkrecht nach oben und lugt daher abwechselnd mal vorne, mal hinten unter dem Wasserkessel hervor.

Neben dem Herd finden Sie das Spülbecken, ungefähr so groß wie das Handwaschbecken auf Ihrem Gästeklo. Des weiteren gibt es ein oder zwei «Schapps»[32], vollgestopft mit unappetitlichem, aber unzerbrechlichem Plastikgeschirr. Stören Sie sich auch bitte nicht an den rostigen Bestecken, das ist Romantik! Natürlich darf der Kühlschrank nicht fehlen. Er kann ohne Probleme mit dem Wärmeschrank eines Restaurants verglichen werden: So wie dort die Teller lauwarm gehalten werden, wird im Schiffskühlschrank das Bier lauwarm gehalten[33].

---

[31] Ein Zustand, welcher von Landratten allen Menschen unterstellt wird, welche sich auf das Element «Wasser» begeben.
[32] Nicht «Schnaps», so heißen in der Kombüse die Geschirrschränke!
[33] Berufsskipper fahren nur deshalb fast ausschließlich unter Motor, weil nur dann der Kühlschrank ständig laufen darf und daher nur dann stets kühles Bier an Bord ist.

Die Betten auf einer Segelyacht heißen nicht Betten, sondern Kojen, und das mit vollem Recht; sie sind mit Betten nur schwer vergleichbar. Um in einer Koje richtig zu schlafen, bedarf es größter Müdigkeit in Verbindung mit einem guten Schuß Alkohol. Zum Glück ist beides nach einem Tag auf dem Wasser reichlich vorhanden. Matratze und Bettdecken neigen dazu, leicht feucht zu sein, aber schließlich betreiben Sie ja Wassersport, da darf man nicht so pingelig sein. Trotzdem empfiehlt es sich, den eigenen Schlafsack mitzunehmen, das ist hygienischer und wärmer.

Die Toiletten auf Segelyachten verdienen zwar kein eigenes Kapitel, aber zumindest einen eigenen Abschnitt. Sie besitzen nämlich ein ausgeprägtes Eigenleben. Während bei uns daheim der kleinste Raum unseres Hauses ein Ort der Behaglichkeit und des Wohlbefindens sein kann, vor allem, wenn er mit einigen guten Witzbüchern und der aktuellen Tageszeitung ausgestattet ist, gilt derartiges für die Toiletten auf Segelbooten mitnichten.

Wenn Sie das Schiffsklo benutzen wollen, müssen Sie nicht lange suchen, gehen Sie einfach Ihrer Nase nach. Und bücken Sie sich an der Tür. Die Klotüren sind schmal, niedrig und grundsätzlich nicht von innen verschließbar. Das macht aber nichts, denn zwei Menschen passen sowieso niemals gleichzeitig hinein; sollten Sie größer als 1,60 m oder schwerer als 2 Zentner sein, dann passen Sie nicht einmal alleine rein. Sie sollten sich in solchen Fällen niemals mit Gewalt hineinzwängen, schließlich wollen Sie ja auch irgendwann wieder raus.

Sollten Sie Ihr Geschäft im Stehen erledigen wollen, was den Vorteil hat, daß Sie sich nicht rumdrehen müssen, so unterziehen Sie sich und die Toilette sofort anschließend einer gründlichen Dusche. Ihre Mitsegler werden es Ihnen danken.

Sollten Sie aber die sitzende Haltung vorziehen, so lassen Sie die Tür lieber gleich offen, sonst bringen Sie Ihre Beine nicht unter.

Die Benutzung von Papier auf Schiffsklos ist grundsätzlich verboten. Diese Regel sollten Sie spätestens zwei Tage vor der Abreise ins Kalkül ziehen. Ins Klo darf nur hinein, was vorher gegessen worden ist! Aber auch ohne diese Vorsichtsmaßnahme verstopft jedes Schiffsklo ständig, die Ursache dafür konnte bisher wissenschaftlich nicht abgeklärt werden.

Die meisten Toiletten auf Segelyachten dienen gleichzeitig auch als Dusche und als Badezimmer. Beim Duschen muß mit der einen Hand die Handbrause gehalten, mit der anderen Hand die Wasserpumpe bedient und mit der dritten und vierten Hand der Körper eingeseift und gewaschen werden. Da die Wasserkapazität auf Yachten begrenzt ist, darf pro Dusche nicht mehr als ein Liter Wasser verbraucht werden.[34] Wer bei Seegang das Schiffsklo benutzt, ist selbst verantwortlich.

Der vornehmste Raum an Bord ist ohne Zweifel der «Salon». Er ist vergleichbar mit einer Wohnküche aus dem sozialen Wohnungsbau unterster Stufe, obwohl er natürlich nicht halb so geräumig ist. Als Ausgleich dafür hat seine Einrichtung ein Vielfaches gekostet.

Im Salon liegt all das herum, was an Deck keinen Platz hat, über Bord fallen könnte oder gerade nicht gebraucht wird. Auf dem Boden finden sich die abgelegten Sicherheitsleinen, leere Segelsäcke, unbenutztes Ölzeug und leere Bierkästen und Schnapsflaschen. Auf den eingebauten Polsterbänken, dicht besät mit Flecken unterschiedlichster Farbe und Herkunft, ruhen sich die Schlafsäcke der Crew von der nächtlichen Bela-

---

[34] Sie können es also lieber gleich sein lassen.

stung aus, daneben sind dort Koffer und Segeltaschen abgestellt, und in den Ecken liegen alte Zeitungen und Illustrierte. Durch die Ritzen in den Bodenbrettern schwappt ab und zu eine mittlere Menge graubrauner Brühe aus dem Keller der Yacht und befeuchtet Zeitungen, Schlafsäcke und Gepäckstücke gleichmäßig.

Achtung, der Salonfußboden kann leicht glitschig sein; selbst mit gut haftenden Bordschuhen können Sie dort jederzeit einen doppelten Rittberger aufs Parkett legen, vor allem bei Seegang oder Segelmanövern. Überhaupt empfiehlt es sich, nach Verlassen des Hafens den Salon nicht mehr zu betreten, aus rein geruchstechnischen Gründen.

Der Kartentisch

Dieser geheiligte Platz ist zwar Teil des Salons, verdient aber wegen seiner besonderen Bedeutung ein eigenes Kapitel. Hier entscheidet der Käpten oder Skipper über das nächste Ziel, das angesteuert werden soll. (Über das tatsächliche Ziel entscheidet der Wind, die oder der See, der Seegang und letztlich der heilige Erasmus!) Mag auch das ganze Segelschiff aus Kunststoff, Metall oder Aluminium bestehen, das Büro des Skippers ist immer aus edelsten Hölzern, meist Mahagoni, gefertigt. Die Tischplatte kann man hochheben, denn darunter befindet sich ein Fach für die Seekarten und daneben ein Sammelsurium verschiedener Instrumente, die der Navigation dienen, wie ein Korkenzieher, ein Dosenöffner, ein 17er Schlüssel und ein halbes Dutzend leerer Batterien. Daneben finden sich dort noch wichtige Papiere wie eine Restaurantrechnung aus Piräus vom vorletzten Jahr, einige nicht abgeschickte Ansichtskarten der letzten Crew an Bord und die Tankrechnung von Laboe vom August 87. Meistens ruhen dort noch ein paar Nebensächlichkeiten wie zwei abgebrochene Bleistifte, ein paar leere Kugelschreiberminen und die Schiffspapiere. Beim Anheben der Platte rollen die darauf liegenden Stifte vom Tisch und in die Bilge.

Das edle Plattenholz wird am besten durch eine darauf ausgebreitete Seekarte vor Flecken geschützt, was sich als sehr nützlich erweist, da dort jeder Vorbeikommende seine Bierdose, seine Colaflasche und seine Suppentasse abstellt, alles Dinge, die beim nächsten Manöver garantiert umfallen. In die Wand neben dem Kartentisch ist ein kleines Bücherregal eingelassen. Darin stehen zahlreiche höchst theoretische Werke darüber, wie man rausfindet, wo man sich gerade befindet und wie man von A nach B kommt, außerdem das Logbuch und drei oder vier uralte Krimis mit Eselsohren und Bierflecken und hoffentlich bald dieses Lehrbuch.

Über dem Kartentisch hängt dann noch die Borduhr, welche in der Regel eine Stunde nach- oder vorgeht. Als höflicher Gast an Bord werden Sie dies natürlich sofort korrigieren und die Uhr richtig einstellen. Wundern Sie sich aber bitte nicht, wenn der Skipper bei dem Anblick Ihrer Korrektur einen heftigen Wutausbruch kriegt, denn nach seiner Ansicht geht die Uhr nur dann richtig, wenn sie falsch geht.[35]

Der Kartentisch dient dem Skipper im übrigen als eine Art Strafbank. Was beim Fußball die gelbe Karte, das ist beim Segeln der Befehl des Skippers: «Geh an den Kartentisch und mach den Schiffsort!» Neunzig Prozent aller Segler erscheinen spätestens nach zehn Minuten wieder mit einem grasgrünen Gesicht an Deck und bitten, nachdem sie sich gewaschen haben, den Skipper, diese Aufgabe doch an Deck lösen zu dür-

[35] Schauen Sie mal im Lexikon unter «GMT» nach!

fen. (Die rote Karte bedeutet, zur Strafe für schwere Vergehen im nächsten Hafen an Land gesetzt zu werden. Ob das allerdings wirklich eine Strafe ist, ist oft mehr eine Intelligenzfrage.) Übrigens, es gilt unter Seglern als äußerst unfein, auf die Seekarte zu kotzen!

Das Cockpit

Die meisten Segelboote haben an ihrem hinteren Ende eine Art Terrasse, umgeben von einem Drahtzaun und ausgestattet mit zwei ungepolsterten und daher harten und meist nassen Bänken. Dort sitzt der Rudergänger, der mit dem Ruder das Schiff steuert. Ich weiß, das Ganze klingt etwas verwirrend. Auf Ruderbooten wird mit den Rudern gerudert und mit dem Steuer gesteuert, so ein solches vorhanden ist. Auf Segelbooten wird mit dem Ruder gesteuert und ein Steuer gibt es gar nicht. Wenn auf Segelbooten gerudert werden soll, meist bei Flaute oder abends vor der Hafeneinfahrt, wird das Paddel hervorgeholt und gepaddelt (der deutsche Segler spricht vom «Päddel»), woraus sich wiederum ergibt, daß der Segler lieber mit einem Paddelboot als einem Ruderboot verglichen werden will.

Im Cockpit herrschen Verhältnisse wie in einer Eisbar im Skiort: Es ist meist kühl bis schattig, da diese Terrasse nicht überdacht ist, und gelegentlich herrscht munteres Wassertreiben (vergl. Schneetreiben in der Eisbar). Im Cockpit wird sehr viel getrunken, wobei die verzehrte Menge in direkter Relation zur Größe des Cockpits steht. Je größer das Schiff und damit das Cockpit, desto mehr wird gespült. Da es im Cockpit kein Steuer, sondern nur ein Ruder gibt, entfallen Strafen wegen Alkohol am Steuer, dieser Tatbestand wäre ein Widerspruch in sich. Das Wort «Cocktail» stammt nicht von dem Wort «Cockpit» ab, obwohl sich eine solche Wortverwandtschaft geradezu aufdrängt. Trotzdem könnte das Servieren von Cocktails im Cockpit durchaus jedem Segeltörn einen gewissen Höhepunkt verleihen, vorausgesetzt, sie sind gut gemixt!

Das Deck

Das Deck ist sozusagen das Dach des Segelbootes und daher, wie die meisten Dächer, nicht ganz dicht. Das Deck entspricht weitgehend einem Flachdach, und die sind bekanntermaßen besonders schwer dicht zu kriegen. An Deck dürfen Sie herumlaufen, wenn Sie über passendes Schuhwerk verfügen. (Was Sie nicht tragen dürfen, lesen Sie am besten auf dem runden Schild mit rotem Rand, das am Heck des Schiffes angeklebt ist.)

Früher war das Deck aus Holz, heute ist es meist aus Kunststoff und hat beim Daraufgehen ungefähr die Rutschfestigkeit einer gefrorenen Pfütze, vor allem, wenn es naß ist. Die Tatsache, daß in Ihrem Kaufvertrag steht: «Rutschfestes Kunststoffdeck», darf Sie nicht dazu verleiten, bei gegenteiliger Erfahrung eine Klage gegen den Hersteller loszulassen. Rutschfesten Kunststoff, wenn naß, gibt es nicht. Über das Deck verteilt finden Sie zahlreiche Stolperfallen. Diese haben den Zweck, nächtliche Diebstähle zu verhindern.

An Deck spielt sich das Leben des Seglers ab, vorausgesetzt, das Wetter erlaubt es. Meistens tut es das nicht. In der Nordsee regnet es zu oft, auf den Binnenseen ist es sehr wechselhaft, und im Mittelmeer holen Sie sich an Deck leicht einen Sonnenstich.

Während der übrigen Zeit ist es an Deck sehr ungemütlich, da der Skipper pausenlos irgendwelche Leute darüberhetzt, um hier ein Tau zu knüpfen, dort eins zu lösen. An Deck herumzuliegen ist daher wenig empfehlenswert, es wird zuviel auf einem herumgetrampelt, und außerdem liegt man da meist auf irgendwelchen angeschraubten Metallteilen, welche sich schmerzhaft ins Kreuz bohren oder, gerade wenn Sie sich arrangiert haben, gebraucht werden, um eine Schnur daran festzumachen.

An Deck wird eben Sport getrieben, und wo Sportler aktiv sind, ist es für dritte meist unbequem. Sie können sich auf einem Fußballplatz auch nicht sonnen, wenn gerade ein Match stattfindet. Sonst läßt sich über das Deck nicht viel Positives sagen.

Die Crew

Zur Crew zählen die zahlenden Mitglieder an Bord eines Segelbootes, welche sich am Segelsport aktiv beteiligen, also meist alle. (Außer der Frau von Willi, die wird immer seekrank und liegt angeschnallt im Cockpit rum). Zur Crew zählt auch der Skipper, der sich jedoch nicht aktiv am Segelsport beteiligt, es sei denn, er reißt das Ruder an sich, um das viermal vergeblich gefahrene Manöver zum fünftenmal fehlschlagen zu lassen. (Allerdings nur, um zu zeigen, wie man es nicht machen soll.)

Alle anderen Arbeiten an Bord obliegen der Mannschaft. Der Rudergänger steht am Ruder und versucht, Kurs zu halten, meist ebenso erfolgreich wie ein schlechter Börsenmakler. Auf einer Jolle sitzt der Rudergänger, meist im Nassen. Auf der Yacht dürfen alle mal Rudergänger spielen, was die Fehlerquote bei der Navigation etwas ausgleicht; der eine fährt meistens zu weit nach links, der andere nach rechts. Das spielt aber sowieso eine untergeordnete Rolle, weil auf See nach dem mißweisenden Kurs gefahren wird, eine enorm treffende Bezeichnung.

Dann gibt es noch den Bordkoch, seemännisch «Smutje» genannt, ein Name, der sich direkt von dem Wort «Schmutz» ableiten läßt.

Den Schiffsjungen gibt es leider fast nicht mehr, seine wichtigste Funktion, den Skipper mit Bier zu versorgen, hat die ganze Crew übernommen. Leider!

Schiffsnamen
(oder warum Ihr Segelboot «Kajapuliopo» heißen muß)

Sollten Ihnen beim Spaziergang durch den Hafen die geradezu abenteuerlichen Namen deutscher Segelyachten auffallen, so liegt das am Schiffsregister (sozusagen die Zulassungsstelle der Schiffahrt). So wie keine Autonummer zweimal vergeben werden darf, so darf kein Schiffsname zweimal vorkommen. Wer heutzutage seinen Dampfer ins Schiffsregister eintragen will, dem bleibt nur noch der Rückgriff auf frei erfundene Phantasiewörter oder auf so regional übliche Bezeichnungen wie «Foftein» [36]. Versuchen Sie es gar nicht erst mit dem Namen Ihrer Geliebten oder gar Ehefrau; der ist garantiert schon vergeben. Überhaupt ist Derartiges nicht praktisch. Im Zeitalter des schnellen Partnerwechsels werden die vielen Namensänderungen zu teuer.

Ein sparsamer Käptn kam auf die Idee, seiner jeweiligen

[36] Plattdeutsch für: Pause

Partnerin zu erzählen, es sei der Name seiner Mutter hinten auf dem Heck; es dauerte nicht sehr lange, bis eine von ihnen den richtigen Namen seiner Mutter herausfand. Die Folgen sollen ziemlich unangenehm gewesen sein.

Ein kurzer Einblick in die Segelkunde
(Theorie des Segelns)

Was den Laien bei der ersten Begegnung mit dem Segelsport am meisten beeindruckt, ist die Tatsache, daß es angeblich möglich ist, gegen den Wind zu segeln und dennoch vorwärts zu kommen. Lassen Sie sich nicht in Ihren physikalischen Grundkenntnissen beirren, es ist nach wie vor unmöglich, gegen den Wind zu segeln. Wenn Ihr Nachbar genüßlich erzählt: ...achtzehn Stunden ununterbrochen und noch dazu bei Gegenwind, bis wir schließlich in Bahia ankamen..., so ist das Seemannsgarn.

Mit einem Segelboot gegen den Wind anzukommen, ist ein Kreuz, und diese Segeltechnik heißt daher auch «Kreuzen». Darunter müssen Sie sich in etwa folgendes vorstellen: Sie wollen von Hamburg nach München fahren. Bei Südwind bleibt Ihnen nur übrig, zunächst einmal schnurstracks nach Kleve zu eilen. Dort machen Sie eine scharfe Linkskurve und steuern auf geradem Weg Berlin an. Nach Erreichen des Berliner Rings legen Sie nunmehr das Steuer scharf nach rechts und fahren über Köln nach Aachen. Wieder eine heftige Linkskurve gemacht, denn Ihr nächstes Ziel ist Chemnitz[37]. Nun geht's wieder nach rechts bis in die Höhe von Frankfurt. Längeres Anhalten lohnt sich hier kaum, fahren Sie lieber wieder

[37] Früher «Karl-Marx-Stadt» (für Besitzer alter Atlanten)

eine Linkskurve in Richtung Prag, wobei Sie kurz vor der deutsch-tschechischen Grenze den nächsten Rechtsschlag nach links ansetzen und so folgerichtig nach Freiburg im Breisgau gelangen. Nun haben Sie so viel Höhe[38] gewonnen, daß Sie München direkt ansteuern können, ohne allzusehr pressen zu müssen, was sich negativ auf Ihre Geschwindigkeit auswirkt[39]. Jetzt schauen Sie auf Ihren Kilometerzähler: Um einen Weg von 800 Kilometern hinter sich zu bringen, haben Sie ungefähr 4000 Kilometer gesegelt. Das ist «Kreuzen» vom Feinsten!

Beim Kreuzen kommt der Wind schräg von vorne, weswegen Sie, um zu Ihrem Ziel zu kommen, ewig hin und her fahren müssen, dadurch verlängert sich Ihr Weg manchmal erheblich. Trotzdem sollten Sie als Segelanfänger lieber kreuzen als vor dem Wind segeln (lassen), Ihr Magen wird es Ihnen danken! Beim Kreuzen machen die Segelboote meist nur mehr oder weniger starke Auf-und-Ab-Bewegungen, bei Wind von hinten schaukelt der Kahn unkontrollierbar in alle Richtungen, verbunden mit der ständigen Gefahr, daß Sie vom Großbaum derart einen über die Rübe bekommen, daß Ihnen Hören und Sehen vergehen. Merken Sie sich: Entschließt sich Ihr Skipper, vor dem Wind zu segeln, so verlangen Sie, daß er eine «Bullentalje» ausbringt, was das auch immer sein mag. Verweigert er das, so eilen Sie in das nächste Motorradgeschäft und kaufen Sie sich einen Motorradhelm nach DIN, das verhindert Kopfweh und Kopfzerbrechen – im wahrsten Sinne des Wortes!

---

[38] siehe später
[39] Diesen letzteren Prozeß kann man nicht theoretisch erklären, er wird Ihnen in der Praxis spätestens dann klar, wenn Sie bei einbrechender Nacht und Gegenwind in Ihren Heimathafen zurückwollen, siehe auch unter «Tantalus» im Großen Brockhaus!

«Alles klar?»

Vor dem Wind zu segeln ist so eine Art «Fast-Food-Speise», selbst wenn's ein Big-Mac ist. Ein genialer Skipper aber versteht es, daraus problemlos ein «Kaviar-Essen» zu machen, indem er den Spinnaker[40] setzt. Wie bei jedem Segelmanöver setzt bei dem Befehl «Spinnaker setzen» sofort die ganz große Hektik ein.

Zunächst wird ein großer Sack an Deck gezerrt, woraus ein Segel auftaucht, bei dessen Anblick es jedem farbtüchtigen Maler die Sprache ver- respektive den Pinsel aus der Hand schlägt. Bunt ist angesagt. Knatschbunt. Des weiteren müssen lange Schnüre vom Bug zum Heck verlegt werden, ein Vorgang, der stark an die Laokoon-Gruppe erinnert. Auf dem Vorschiff findet eine heftige Rangelei statt, wobei es darum geht, welche Schnur in welches Loch im Spinnaker gehört, ein Kampf Mann gegen Mann.

Nachdem die ganze Bootsbesatzung heiß auf das Spinnakersegeln ist, lautet das Kommando des Skippers folgerichtig: «Heiß auf Spinnaker!» Nunmehr steigt wie der Flaschengeist aus der Flasche der bunte Lappen gen Himmel, wobei er beim erstenmal meist die Form mehrerer Rhomben zeigt, mit dem Kreuzpunkt an den Stellen, wo er sich um das Vorstag kringelt.

Diese Situation ist extrem kollisionsgefährdet. Der Skipper steht zwar am Ruder, ist aber mit den widersprüchlichsten Befehlen derart beschäftigt, daß er alle Wasserfahrzeuge, welche vor ihm fahren, völlig aus dem Auge verliert. Und das bei der heutigen Verkehrsdichte! Jeder Segler, welcher sich sonntags auf deutschen Binnenseen bewegt, weiß, daß es zu diesem Zeitpunkt durchaus möglich ist, den See trockenen Fußes zu

---

[40] Eigentlich müßte man das Wort mit «ck» schreiben, schließlich hat es tatsächlich viel mit «spinnen» und «ackern» zu tun.

überqueren, indem man einfach von Boot zu Boot hüpft. Der Verkehr am Stachus ist nichts dagegen.

Echt dramatisch wird es, wenn es darum geht, den Spinnaker wieder runterzuholen. Folgende Komplikationen sind sicher: 1. Der Spinnaker fällt ins Wasser, rutscht unter das Boot, verhängt sich im Schwert oder Kiel und zum Schluß in der Schraube und im Ruder. 2. Der Spinnaker reißt bei dem Versuch, ihn vom Vorstag wieder loszukriegen. (Da das Vorstag aus Draht ist, hat es wie jedes geflochtene Drahtseil die Tendenz, daß einzelne Drahtfasern reißen und sich ständig in die Hände der Crew oder in den Spinnakerstoff einbohren.) Im letzteren Fall bitte den Spinnaker nicht ganz abschneiden und ins Wasser werfen, zum einen ist das Umweltverschmutzung, zum anderen kann man aus den Resten herrliche bunte Seglerkleidung schneidern.

Sollte es wider Erwarten gelungen sein, den Spinnaker tatsächlich heil ins Boot zu kriegen, muß er gepackt werden. Sollten Sie gerne Spinnaker segeln, empfehle ich Ihnen einen Kurzlehrgang im Fallschirmzusammenlegen oder den Eintritt in einen Ballonfahrerclub. Die beherrschen so etwas perfekt, gehört doch zu jedem zweiminütigen Fallschirmsprung ein zweistündiges Schirmzusammenlegen.

Am schnellsten und schönsten segelt man bei «halbem» Wind. Das bedeutet nun nicht, daß die Windstärke halbiert, also von vier auf zwei Windstärken herabgesetzt wird. Vielmehr versteht man darunter, daß der Wind genau von der Seite kommt, eine Situation, welche der Segler nur beim ziellosen Herumschippern antrifft. Wer segelnd möglichst schnell von einem Punkt zum anderen Punkt kommen will, erwischt fast nie einen Kurs mit halbem Wind.

Statistisch gesehen wehen die meisten Winde in unseren Breiten entweder aus dem Nordwesten oder aus dem Südosten. Wenn Sie sich Ihre Seekarten ansehen, liegen die meisten Ziele ebenfalls im Südosten oder Nordwesten, was bedeutet, daß Sie entweder immer kreuzen müssen oder immer vor dem Wind fahren. Ein Engländer namens «Rod» hat diesbezüglich Gesetzmäßigkeiten entwickelt. Das älteste Gesetz von Mr. Rod besagt, daß ein belegtes Brot, welches uns aus der Hand fällt, in 99% aller Fälle auf der belegten Seite landet[41]. Probieren Sie es aus, es stimmt. Das gleiche gilt für das Segeln mit einem festen Ziel. In 99% der Fälle kommt der Wind genau aus der Richtung, wo wir hinwollen – oder es ist totale Flaute. Das ist «Rod's law of the sea».

Am schlimmsten trifft uns diese Situation immer dann, wenn der (natürlich von vorne kommende) Wind auf einem Halbwindkurs eine Geschwindigkeit von satten fünf Knoten bedeuten würde, beim Kreuzen werden daraus magere ein bis anderthalb Knoten[42]. Gleichzeitig verdreifacht sich die Strecke.

Wahrer und scheinbarer Wind

Eigentlich müßte dieses Kapitel heißen: Wahrer Wind, scheinbarer Wind und überhaupt kein Wind, insbesondere nachdem der letztere der drei Windarten am häufigsten vorkommt, sehr zum Ärger aller Segelsportler. Überhaupt kein Wind heißt Dümpeln, oder Motoren, oder gleich zu Hause bleiben. Vor allem Mittelmeersegler lernen diese traurige Wettersituation im Sommer recht regelmäßig kennen; sie haben einen Segel-

---

[41] vor allem in der Kombüse
[42] Was wiederum für eine Strecke von 10 Seemeilen eine Fahrtzeit von zehn Stunden bedeutet, bei halbem Wind wären wir in zwei Stunden da!

törn gebucht und fahren zwei Wochen wie ein Dampfer unter Motor durch die Gegend.

Den scheinbaren Wind gibt es nur dann, wenn es überhaupt Wind hat, also wahren Wind, aber auch dann nicht immer, nämlich nur dann, wenn der wahre Wind von vorne oder von der Seite kommt, nicht aber von hinten. Trotz allem kennt der Segler eigentlich nur den scheinbaren Wind, denn nur den spürt er auf der Haut und sieht er am Verklicker, es sei denn, er segelt mit dem Wind. Dann aber spürt er immer noch nur den scheinbaren Wind, obwohl der jetzt mit dem wahren Wind übereinstimmt.

Geben Sie zu, Sie verstehen das genausowenig wie ich. Sie können die ganze Chose auch ruhig vergessen. Segeln Sie Ihr Boot einfach so, daß die Segel nicht flattern, dann liegen Sie immer richtig.

Knoten, 1. Teil

An manchen Tagen schwimmt das Segelboot, auf welchem Sie mitfahren dürfen, mit atemberaubender Geschwindigkeit durchs Wasser. Die Wellen klatschen laut ans vordere Ende des Schiffchens, und am hinteren Ende sprudelt es geradezu. Ein herrliches Gefühl! Nun dürfen Sie einen Fehler nicht machen, nämlich abends in der Kneipe prahlen: «Wir sind mit mindestens zwanzig Sachen dahingeschossen!»

Beim Segeln läuft nichts so, wie wir es uns vorstellen oder wie es einfach und verständlich wäre. Die Segler messen ihre Geschwindigkeit nämlich nicht in Kilometern pro Stunde, sondern in Knoten. Dabei bedeutet ein Knoten Geschwindigkeit eine Seemeile pro Stunde. Nun gibt es viele Arten von Meilen, die englische Meile, die amerikanische Meile und die

Seemeile. Eine Seemeile ist 1852 Meter lang, eine Zahl, welche Sie sich leicht merken können, hat doch im gleichen Jahr der französische Marschall Joseph Joffre, Generalfeldmarschall Frankreichs im Ersten Weltkrieg, Geburtstag.

Ein Knoten bedeutet demnach eine Geschwindigkeit von 1852 Metern pro Stunde, wobei noch dazu zwischen Fahrt durchs Wasser und Fahrt über Grund unterschieden werden muß. Merken Sie sich: Eine Fahrt über Grund ist – hoffentlich – immer auch eine Fahrt durchs Wasser, andernfalls Sie bald keinen Kiel oder kein Schwert mehr unten am Bootsboden haben. Eine Fahrt durchs Wasser ist dagegen fast nie auch eine Fahrt über Grund. Und dieser Umnstand liegt an den Strömungen.

Wenn Sie in der Zeitung von Strömungen lesen, dann sind da Modetrends gemeint, zum Beispiel dieser seit zwanzig Jahren unerbittlich anhaltende Trend, am Wochenende zum Segeln zu gehen, was Sie daran hindert, endlich mal gemütlich am Wochenende zum Segeln zu gehen. Der Platz auf unseren Seen ist naturgemäß beschränkt, was Sie als Segler dauernd zu spüren bekommen, wenn nämlich alle zehn Sekunden ein Segelmodenarr laut: «Raauumm!» brüllt, während Sie gerade Ihre Segelpartnerin mit Streicheleinheiten bedienen. Das sind «Strömungen auf dem Wasser».

Leider gibt es nun auch Strömungen im Wasser. Das merken Sie spätestens dann, wenn Sie seit drei Stunden genauen Kurs auf die Fraueninsel halten und statt dessen in Chieming landen. (Sollten Sie so unverfangen sein und auf dem sowieso schon total überfüllten Chiemsee segeln!)

Merken Sie auch: Abtreiben (1), von der Alm; absolut legal, wenn auch mit viel Scheiße auf der Straße verbunden.

Abtreiben (2), auf dem Wasser; absolut legal, wenn auch mit viel mühsamem Kreuzen oder Paddeln verbunden.

Abtreiben (3), auf dem Land; absolut illegal, legal nur, wenn mit viel Papierkram verbunden [43, 44]

Knoten, 2. Teil

Die Ausbildung zum Segelschein [45] besteht aus den folgenden drei Hauptsachgebieten: Segelpraxis, Segeltheorie und Knoten. Daß das Knoten ein so wichtiges Sachgebiet ist, hat seinen guten Grund: Wenn Sie Ihr Schiff am Steg oder an der Boje nicht richtig festknoten, können Sie die beiden anderen Sachgebiete total vergessen, bei der Rückkehr zum Steg oder zur Boje finden Sie kein Segelboot mehr vor, also brauchen Sie auch nicht mehr über theoretische oder praktische Segelkenntnisse verfügen. Der Deutsche Segler-Verband hat dies ganz klar erkannt, also werfen Sie ihm bitte nicht schon wieder Präpotenz vor!

Die seemännischen Knoten, welche Sie unbedingt beherrschen müssen, haben ihren eigenen Namen und alle enden auf –stek [46]. Knoten werden nicht geknüpft, nicht gesteckt und nicht angefertigt, Knoten werden «geworfen».

Dies lernte ich von einem Segelschüler, welcher zwanzig Jahre bei der Marine zur See gefahren war und nun das Segeln lernen wollte. Er war als Obermaat in den Ruhestand gegangen. Der Zufall wollte es, daß zu seiner B-Scheinprüfung ein

---

[43] Auf dem Wasser können Sie auch mit Wind abtreiben

[44] Das Wort «abtreiben» empfiehlt sich für das «Teekesselchenspiel» beim Abwettern eines Sturms unter Deck, hat es doch schließlich drei verschiedene Bedeutungen.

[45] Sie werden lachen, selbst zum C-Schein

[46] Spricht sich aus wie «Steak», schmeckt aber nicht so gut.

pensionierter Kapitän zur See der Marine als Prüfer des DSV an Bord kam. Nachdem der Obermaat seine Kenntnisse im praktischen und theoretischen Segeln erfolgreich bewiesen hatte, sollte er einen bestimmten Seemannsknoten machen. Nach Ansicht des Kapitäns zur See war der Knoten falsch, nach Ansicht des Obermaats richtig. Schließlich beendete der Obermaat die Sache mit der geradezu klassischen Bemerkung: «Herr Kapitän, bei der Marine waren Sie da, wo die Knoten angeordnet wurden, ich war da, wo sie gemacht wurden!» Der Kapitän zur See verzichtete klugerweise auf jede weitere Diskussion und erklärte die Prüfung als bestanden.

Im Prinzip würde es genügen, einen einzigen Knoten perfekt werfen zu können, den Palstek. Er ist durchaus in der Lage, jeden anderen Seemannsknoten zu ersetzen. Aber das ist zu einfach, und einfach darf der Segelsport nicht sein, sonst wird er langweilig[47]. Der Palstek ist ganz leicht zu werfen: Sie bauen einen Teich, pflanzen neben den Teich einen Baum und warten ab. Jetzt kommt, laut deutscher Segellehrererfahrung, aus dem Teich eine Schlange, kriecht um den Baum und verschwindet wieder im Teich. Simsalabim, vor Ihnen liegt ein Palstek, so einfach ist das. Sollten Sie das dennoch nicht kapiert haben, so lassen Sie sich den sogenannten «amerikanischen» oder «vorbereiteten» Palstek zeigen[48]. Der ist nämlich einfacher zu merken, und Sie können ihn sogar im Dunkeln hinter Ihrem Rücken werfen, sehr zur Verblüffung Ihres Prüfers.

Leider verlangt die wahre Seemannschaft aber eine ganze Reihe von Knoten. Da gibt es zunächst den «halben Schlag». Dabei handelt es sich im Prinzip lediglich um einen schlichten

[47] und auch nicht im Sinne der Prüfer des DSV!
[48] Schreiben Sie an Käpten Jacques Gombert, c/o Rowohlt Verlag, Reinbek bei Hamburg!

Hausfrauenknoten. Er hält natürlich nicht, wie könnte er auch unter solchen Umständen, deshalb macht der kluge Segler gleich zwei halbe Schläge. Sagen Sie jetzt um Gottes willen nicht: Zwei halbe Schläge = ein ganzer Schlag. Einen ganzen Schlag gibt es beim Knoten nicht, nur bei der Halse (siehe dort!). Machen Sie auch niemals drei halbe Schläge, oder vier halbe Schläge, oder gar mehr, das wirkt erstens landrattenhaft und hält zweitens nicht besser.

Sollten Sie zum einen Wert drauf legen, profihaft zu wirken, zum andern darauf, daß Ihr Boot sich nicht selbständig macht, so lernen Sie den Webleinstek (obwohl Sie ihn jederzeit durch einen Palstek ersetzen könnten). Der Webleinstek hat viel mit einer Eisenbahnschranke gemeinsam, man weiß nie so genau, ob man unten durch oder oben drüber soll. Das ist das Verwirrende an ihm. Er gehört nicht zu den einfachen Knoten, und das ekelhafteste an ihm ist, wenn man beobachten muß, mit welcher Lässigkeit ihn die Fischer so ostentativ blind machen, wenn sie abends von der rauhen See heimkehren.

Als nächstes ist der Kreuzknoten an der Reihe. Er ist leicht zu werfen, leidet aber auch unter dem Eisenbahnschranken-syndrom: Oben durch oder unten durch, das ist immer wieder die Frage. Wer sich mit dem Kreuzknoten schwertut, sollte drei Monate in einem chirurgischen Krankenhaus arbeiten, dort ist es der meistverwendete Knoten, wenn es darum geht, einen aufgeschnittenen Bauch wieder zuzunähen. Der Kreuz-knoten kann jederzeit durch zwei Palsteks ersetzt werden, was wesentlich zur Festigkeit seines Zweckes, nämlich zwei Seile miteinander fest zu verbinden, beiträgt.

Der Achterknoten hat nichts mit dem hinteren Ende eines Segelbootes zu tun, er darf auch auf dem Vorschiff geworfen werden. Er soll verhindern, daß ein Seil sich unerlaubt durch eine der vielen Ösen auf dem Schiff verabschiedet. Auch ihn kann der Palstek ersetzen, eine Öse, durch welche ein Kreuzknoten sich nicht durchquälen kann, läßt einen Palstek schon lange nicht durch.

Nachdem das Segeln aber auch und trotz der blöden Knotenlehre noch Freude machen soll, hat der Gott der Meere, St. Erasmus, neben zahlreichen anderen und unnötigen Knoten die Lustknoten, die «Fancy-knots», erfunden. Dabei handelt es sich um Knoten, welche keinen wirklichen Zweck haben, sondern nur schön sind, und damit eben doch einen wirklichen Zweck haben. Dazu gehört zum Beispiel der «Türkenbund». Aha, werden Sie sagen, der endet nicht auf «-stek». Sie haben ja so recht: Die wirklich schönen und lustigen Knoten enden fast alle nicht auf –stek. Und damit komme ich zum letzten, lustigsten und nutzlosesten Knoten, dem totalen «Whooling», auch «Segellehrerknoten» genannt. Wie Sie ihn werfen sollen? Fragen Sie Ihren Segellehrer!

Praxis des Segelns

Bevor sich ein Segelboot in die gewünschte Richtung begibt, müssen Sie aufstehen und die Segel setzen (umgekehrt wäre es bequemer, aber welcher Sport soll schon bequem sein?). Am besten ziehen Sie sich ein Paar Arbeitshandschuhe an, denn was jetzt kommt, geht selten ohne Hautabschürfungen ab. Als erstes muß das Großsegel gesetzt werden. Das Großsegel hängt, wenn richtig gesetzt, hinter dem Mast und ist meistens kleiner als das Vorsegel, welches vor dem Mast aufgehängt wird. Wenn das Großsegel gesetzt ist, steht es. (Bitte vergessen Sie nicht, daß die meisten Fachsprachen, so auch das Seglerlatein, mit Logik nichts zu tun haben! Fachsprachen haben den ausschließlichen Sinn, den Fachmann eindeutig vom Laien unterscheidbar zu machen). Wichtigste Voraussetzung für das Segeln ist, daß Wind weht, was leider nicht immer eine Selbstverständlichkeit ist. Laut «Rod's Law of the sea» herrscht immer entweder zuviel oder zuwenig Wind. Dann ist auch noch von entscheidender Bedeutung, aus welcher Richtung der Wind weht. Auf den Binnenseen ist die Windrichtung von weniger großer Bedeutung, auf See, wenn es um das Anlaufen eines Hafens geht, von fundamentaler! Alle Anfängerkurse für Segler beginnen damit, daß geübt wird, zu erkennen, woher der Wind kommt. Dies sollte auch in Fortgeschrittenenkursen immer wieder geübt werden.

Die Segelmanöver

Nachdem selbst die Weltmeere, obwohl sie zwei Drittel der Erdoberfläche einnehmen, irgendwo begrenzt sind (unsere Binnenseen sind das sowieso), kann kein Segler auf ewig geradeaus fahren. Früher oder später muß er eine Kurve machen.

Nun ist das «Geradeaussegeln» an sich schon eine Kunst, welche nicht einmal Skipper immer perfekt beherrschen. Ein Blick in den weißen Schaumstreifen hinter dem Schiff, genannt das Kielwasser, zeigt selbst bei erfahrenen Rudergängern die sogenannte «Seeschlange».

Das gemeine am Segelboot (im Vergleich zum Auto) ist, daß es nicht genügt, einfach einen scharfen Bogen nach rechts oder links zu fahren. Wenn Sie das machen, flattern die Segel blöd im Wind rum, und nach kürzester Zeit steht Ihr Schiff, oder, wenn es sich um eine Jolle handelt, kippt es sogar um. Auch das Blinkersetzen genügt leider nicht. Im übrigen gibt es auf Segelbooten keinen Blinker. Vielmehr müssen Sie die Stellung der Segel ändern, respektive ändern lassen.

Aber keine Panik, so schlimm wie das klingt, ist es nicht. Unser Leserservice: Die einfachste Methode besteht darin, während der Richtungsänderung einfach die beiden Leinen loslassen, welche das hintere untere Dreieck der Segel festhalten, und bei Erreichen der neuen Fahrtrichtung wieder festziehen. Glauben Sie einem erfahrenen Seebären, das klappt (fast) immer.

Nachdem das Vorsegel zwei solcher Leinen besitzt, müssen Sie nun nur die richtige Seite erwischen. Ein kleiner Trick hilft Ihnen: Ziehen Sie an der Leine, die ins Wasser hängt, es ist (fast) immer die richtige.

Ab etwa acht Metern Bootslänge kann dieses Festziehen[49] allerdings unmöglich werden, da fehlt einfach die Kraft. Deswegen hat ein gewisser Herr Lewmar aus England die Winsch erfunden, wobei mittels einer Kurbel die menschliche Kraft ergänzt wird. Eine Winsch sieht ungefähr so aus wie eine Kaffeemühle und ähnelt dieser auch, was das Geräusch anbetrifft, nur daß kein Kaffee drin ist. Leidenschaftliche Kaffeetrinker unter den Seglern warten bis heute vergeblich darauf, daß die von Herrn Lewmar gegründete Firma ein Kombigerät herausbringt, welches nicht nur die Leinen strammzieht, sondern auch noch Kaffee mahlt, eine Lösung, welche sich geradezu anbietet. Bis zur Kaffeestunde an Bord werden beide Winschkurbeln so oft bedient, daß selbst auf großen Segelyachten spätestens zu diesem Zeitpunkt reichlich frisch gemahlener Kaffee bereitliegen würde.

Übrigens, die über die Winschen dichtgeholten Leinen heißen «Schoten», das dazugehörende Kommando lautet: «Schoten dicht!» Sie werden es, sollten Sie der Seglerleidenschaft verfallen, noch bis zum Erbrechen hören. Und merken

---

[49] In der Seglersprache heißt das «dichtholen».

Sie sich auch: Jedem Skipper sind die Schoten entweder zu dicht oder zu lose (locker). Das ist so wie bei Ihrem Fahrlehrer – entweder Sie fahren zu weit rechts oder zu weit links, richtig machen können Sie es nie!

Das Prinzip ist eigentlich ganz einfach: Die Schoten müssen so dichtgeholt, das heißt, so fest angezogen werden, daß die Segel nicht mehr flattern. Nur – diesen exakten Moment zu treffen, bei einem Rudergänger, der Schlangenlinien fährt, ist einem ungeschriebenen Gesetz zufolge nahezu unmöglich. Der psychologisch geschulte Mitsegler macht sich um dieses Problem auch nicht allzu viele Gedanken, schließlich braucht der Skipper, gewissermaßen zur Selbstbestätigung, ständig etwas, woran er rummeckern kann; sonst ist er nicht glücklich.

1. Die Wende

Deutsche Steuerzahler zucken bei dem Wort «Wende» gerne zusammen. Auf dem Wasser ist das nicht nötig, die Wende gehört zu den einfachsten Segelmanövern, die es gibt, wenn sie gelingt. Wer sie einmal kapiert hat, ist mindestens genauso überrascht über ihre Einfachheit wie die deutschen Politiker sämtlicher Parteien nach der Wende in der ehemaligen DDR.

Vor der Wende kommt der Wind von Luv. Nach der Wende kommt der Wind ebenfalls von Luv. Daraus ergibt sich eine wichtige Erkenntnis: Auf Segelbooten kommt der Wind immer von Luv.

Wenn der Wind vor einer Wende schräg von vorne und nach einer Wende schräg von vorne kommt, ist die Wende gelungen – oder Sie haben eine Patenthalse gemacht. Sie können aber eine Wende ganz einfach von einer Patenthalse an folgen-

den Merkmalen unterscheiden: Wenn das vordere Segel während Ihres Manövers wie blöd flattert und der Wind kurzfristig genau von vorne kam, war es eine Wende. Wenn der Wind aber vorübergehend sehr ruhig wurde und der große Holz- oder Metallbalken über Ihrem Kopf wie eine Sense das Deck von Ihren Mitseglern gereinigt hat, war es eine Halse.

Auch wenn Sie die Wende perfekt beherrschen, sollten Sie dieses Manöver nur dann ausführen, wenn es unbedingt notwendig ist, oder wenn Sie für Ihren Führerschein üben: Die Wende ist mit viel harter körperlicher Arbeit für Ihre Mitsegler verbunden! Das korrekte Kommando bei der Wende lautet: «Ree!», rein phonetisch eine kleine Ähnlichkeit zwischen Yachtsport und Jagdsport.

2. Die Halse

Dieses Manöver hat einen wichtigen Vorteil: Durch eine Wende können Sie es ganz leicht vermeiden. Ihre Mitsegler werden die Halse der Wende vorziehen, ist sie doch mit sehr viel leichterer Arbeit verbunden als die Wende, vorausgesetzt, sie hatten Gelegenheit, ihre Köpfe rechtzeitig unter Deck in Sicherheit zu bringen. (Bitte vergessen Sie nicht, daß auch Sie sich rechtzeitig bücken müssen!) Bei der Halse kommt der Wind kurzzeitig von hinten, sollte das nicht der Fall sein, haben Sie eine Wende gemacht. Bei der Halse flattern die Segel nicht, ein weiteres wichtiges Merkmal, die Halse von der Wende zu unterscheiden. Das korrekte Kommando bei der Halse lautet: «Rund achtern!» – auch wenn das Heck des Bootes spitz oder eckig ist.

3. Der Aufschießer

Dieses Manöver besitzt seine ganz eigenen Gesetzmäßigkeiten. In 90 Prozent der Fälle gelingt er, ist aber ungewollt; der Mann am Ruder hat nicht aufgepaßt und sein Boot so gesteuert, daß der Wind genau von vorne kommt. Das Segelboot bleibt sofort stehen und nimmt nur sehr langsam wieder Fahrt auf. In zehn Prozent der Fälle gelingt der Aufschießer nicht, und zwar immer dann, wenn er gewollt ist. Das Segelboot bleibt nicht sofort stehen, sondern treibt noch mindestens zwanzig Meter weiter und rammt den Steg oder versenkt die Boje, welches es erreichen sollte. Das nennt man dann «Nahezu-Aufschießer», obwohl diese Bezeichnung eigentlich für einen ganz anderen Zweck reserviert ist.

4. Das «Mann-über-Bord»-Manöver

Ich wünsche Ihnen von Herzen, daß Sie dieses Manöver niemals ausführen müssen. An seiner Stelle allerdings sollten Sie das «Boje-über-Bord»-Manöver perfekt beherrschen und auch immer wieder üben. Es entwickelt sich nämlich meistens zu einem recht lustigen Vorgang. Der Käptn wirft einen Fender über Bord und gibt das Kommando: «Boje über Bord!» Nun setzt abrupt hektische Tätigkeit ein. Der eine Segler verschwindet unter Deck, der nächste macht mehrere Leinen los, – natürlich die völlig verkehrten –, der dritte läßt den Bootshaken über Bord fallen, und der Rudergänger macht eine sogenannte Patenthalse, welche leicht zu einem echten «Mann-über-Bord»-Manöver führen kann.

Nachdem sich die Situation an Bord wieder einigermaßen beruhigt hat, die Boje ist gerade noch am Horizont erkennbar, steuert der Rudergänger an den Ort der Tat zurück. Mittels eines echten Nahezu-Aufschießers soll nun das Boot neben der Boje zum Stehen kommen – soll, denn meistens verhungert es fünf Meter vorher, oder es schießt mit voller Fahrt an der Boje vorbei, schlimmstenfalls rammt es dabei die Boje mit sechs Knoten Fahrt.

Hier heißt es üben, nichts als üben, schließlich handelt es sich dabei erstens um ein Prüfungsmanöver, und zwar das wichtigste, und zweitens gibt es reichlich Gelegenheit zu fröhlichem Lachen und zum Abschluß von Wetten. («Wetten, daß es wieder nicht klappt?») Auf fast allen Gewässern werden Sie herrenlos herumschwimmende Bojen finden, ein gutes Objekt, das Manöver immer wieder zu üben.

Wenn es Ihrer Mannschaft gelingt, eine dieser Bojen mit dem Bootshaken herauszufischen, dann werden Sie merken, daß die meisten Bojen mit einer Schnur an irgend etwas unter Wasser festgebunden sind; schneiden Sie die Schnur durch, und Sie haben wieder einen Fender mehr. Da es sich meist um ein Fischernetz handelt, das an der Boje hing, sollten Sie sich danach besser nicht von dem entsprechenden Fischer erwischen lassen!

Um Boje oder Mann aufzufischen, werden die diversesten Manöverformen gelehrt. Nachdem sich aber bei fast jeder Prüfung zeigt, daß sie fast alle zu kompliziert sind, empfehle ich Ihnen das Quickstopmanöver. Es hat zwei riesige Vorteile: Erstens muß außer dem Rudergänger niemand etwas tun. Es kann daher auch keiner was falsch machen. Zweitens geht es am schnellsten.

5. Anlegen unter Segel

Bei keinem Manöver werden Sie das Fehlen einer Bremse auf Segelbooten so vermissen, wie bei diesem. Und von keinem Manöver profitieren die Bootswerften soviel wie vom Anlegen unter Segel. Das Anlegen hat viel mit dem Aufschießer gemeinsam, es klappt fast nie. Entweder Sie fahren zu schnell und rammen mit voller Wucht den Kai oder Steg oder, besser, ein anderes Boot – besser, weil die meistens mehr nachgeben als ein fester Anlegeplatz. Oder Sie bleiben drei Meter vorher stehen und treiben dann seitlich ab. Dabei kann allerdings kaum etwas Schlimmes passieren, denn Ihr Boot bleibt garantiert in irgendwelchen Leinen anderer Schiffe hängen. Der clevere Skipper nimmt in solchen Fällen immer einen Cowboy mit an Bord, der sich perfekt auf das Lassowerfen versteht.

Zu Ihrem Glück und zum Ärger der Werftbesitzer ist das ganze Manöver in den meisten Häfen der Welt verboten.

6. Beidrehen und Beiliegen

Dieses Doppelmanöver dient zwei wesentlichen Zwecken. Laut den Regeln der Segelkunde kann man so einen Sturm abwettern, sprich das Schiff so auf das Wasser legen, daß es nur ganz langsam treibt. Ich vermute allerdings, daß der Erfinder dieser Theorie ein reiner Schreibtischtäter war, der über Windstärke Beaufort fünf niemals hinausgekommen ist. Sollten Sie es in dieser Situation trotzdem versuchen wollen, so legen Sie Ihre Schwimmwesten an und achten Sie darauf, daß Ihr Boot erstens nicht Ihnen gehört und zweitens gut versichert ist. Zerfetzte Segel und ein abgebrochener Mast kommen teuer.

Der zweite Zweck allerdings hat seine Berechtigung. Sollten Sie mit Ihrer Freundin weit draußen auf dem Wasser unterwegs sein und das Bedürfnis haben, ganz wesentliche Dinge zu erledigen, ohne Segel, Wind, Kurs und Steuer ständig überwachen zu müssen, so drehen Sie bei und liegen Sie bei! (Manche Fachausdrücke des Segelsportes können ganz einfach auf ihre Entstehung zurückgeführt werden.) In größerem Kreise bietet sich dieses Manöver an, eine kleine Kaffeepause zu machen, ohne daß ständig einer das blöde Ruder bedienen muß.

Das Reffen

Das Reffen ist wie die einzige vom Papst erlaubte Methode der Empfängnisverhütung: Die einen tun es zu spät, die anderen zu früh. Kaum einer traut sich, schon im Hafen zu reffen, aus Scheu, von den anderen Seglern als Angsthase angesehen zu werden. Draußen auf See wird die Angelegenheit dann höchst kippelig und feucht, was man sofort an der Segelstellung erkennt, wenn ein Boot in den Hafen einläuft, das bei Sturm auf dem Wasser gerefft wurde.

Die beiden verbreitetsten Reffarten sind das Roll- oder Patentreff und das Bändselreff. Beide haben ihre Tücken. Das Patentreff funktioniert bei leichtem Wind hervorragend, bei Starkwind schlecht, meist gar nicht. Bei Winddruck im Segel läßt sich die Kurbel nicht drehen, beim Aufschießer dreht das Schiff sofort aus dem Ruder, und bei loser Schot hängt das Großbaumende draußen überm Wasser, oder der Großbaum schlägt wild Löcher in die Köpfe der Crew. Beim Versuch mit dem Bändselreff sieht die Crew aus wie die Laokoongruppe. Nach Ende des Reffens hängen am Großbaum mehrere luft- und wassergefüllte Säcke aus Segeltuch. Für die so heiß gepriesene Rollfock gilt vergleichbares, bloß mehr vertikal angeordnet. Unser Tip für den Leserservice: Ausreffen auf dem Wasser ist einfacher als Reffen auf dem Wasser!

Das Surfen

In der ehemaligen «DDR» verordnete die Führung, den Ausdruck «Surfen» durch «Brettsegeln» zu ersetzen, man mochte dort die Amerikanismen nicht. Passender ist das Wort tatsächlich. Der Surfer steht auf einem Brett und hält mittels mehrerer Stangen einen bunten Stoffetzen in die Luft. Wenn nun auch noch Wind einsetzt, fällt er entweder sofort ins Wasser, oder er bewegt sich in eine Richtung fort.

Das Surfen hat einige bedeutende Vorteile und Nachteile. Vorteile sind: Das Surfbrett ist wesentlich billiger als ein Segelboot, paßt auf jedes Autodach und besteht aus wenigen klar übersichtlichen Teilen. Es kann also weniger falsch gemacht werden und weniger kaputtgehen. Nachteile sind: Man kann nicht im Sitzen segeln, für Kühltasche oder Eisschrank fehlt jeglicher Platz, und für Nichtschwimmer ist dieser Wassersport weniger empfehlenswert.

Da Surfer meist wesentlich schneller sind als Segelboote, sind sie bei den Skippern nicht sehr beliebt, wer wird schon gerne überholt. Theoretisch müßten Segelyachten jeglicher Größe sogar den Surfern ausweichen, wenn sie von rechts kommen. Diese Gesetzesvorschrift hat sich, wie so manche andere, nicht recht durchsetzen lassen. Und die Surfer tun gut daran, nicht auf ihrer Vorfahrt zu bestehen, eine Vorsichtsmaßnahme, welche sich auch Motorradfahrer zu eigen machen sollten.

Nachdem sich am Surfbrett kein Ruder befindet, ist es für

viele Segler ein großes Geheimnis, wie die Surfer ihr Brett denn lenken. Bei den meisten Anfängern sieht es ja nun tatsächlich so aus, als könnten sie nicht lenken. Sie können es auch nicht. Das Lenken eines Surfbords gehört zu den höheren Weihen des Surfers. Die Forderung mancher Segler, das Surfen zu den Tauchsportarten zu zählen, ist allerdings ein Zeichen von Boshaftigkeit. Natürlich verbringen die Surfer einen wesentlichen Teil ihres Sportes unter Wasser, aber sie versuchen zumindest, mit dem Kopf möglichst immer oberhalb des Wasserspiegels zu sein. Tauchen tun sie tatsächlich nur, wenn sie das untergegangene Schwert ihres Surfbords suchen.

Motormanöver

Skipper nennen ihren Bootsmotor gern liebevoll den «eisernen Spinnaker», denn beide haben viel gemeinsam. Während sich zum Beispiel der Spinnaker, wenn er gesetzt werden soll, fast stets total verheddert und so nicht zum gewünschten Vortrieb beiträgt, springt der Motor meist nicht an, wenn er gebraucht wird. Benzinmotoren mögen nämlich nicht, wenn sie mit Wasser in Berührung kommen, ein Zustand, welcher beim Wassersport nur schwer vermeidbar ist. Dieselmotoren brauchen zum Anspringen eine kräftige Batterie, diese wird jedoch auch oder in erster Linie zum Bierkühlen gebraucht und ist daher im entscheidenden Moment zu schwach, um den Motor zu starten. Zwar gibt es da noch die Kurbel zum Handstarten, aber dabei hat sich schon so mancher Seebär den Arm gebrochen, weil die Dinger oft ekelhaft zurückschlagen. Merke: Segelboote kann man nicht wie ein Auto anschleppen! (Obwohl es immer wieder Leute geben soll, die es versuchen.)

Unser Tip für den Leserservice: Lieber warmes Bier und ein laufender Motor!

Wenn es nun heißt: «Volle Fahrt voraus»!, so wird sich ein strahlendes Lächeln über das Gesicht des Steuermanns ausbreiten – es klappt. Das Boot fährt richtig geradeaus und läßt sich noch dazu leicht lenken. Dann wollen wir es auch mal rückwärts probieren. Das Lächeln verschwindet schlagartig und weicht tiefer Verzweiflung. Mit einem Segelboot unter Motor rückwärts fahren zu wollen, gleicht in etwa dem ersten Versuch, in der Fahrschule rückwärts einzuparken, nur erweist es sich als noch viel schwieriger, es geht sozusagen überhaupt nicht. Statt rückwärts zu fahren, dreht das Schiff sein Heck entweder nach links oder nach rechts und es denkt gar nicht daran, sich auch nur irgendwie in die Richtung zu bewegen, die wir einschlagen wollen. Dieses Phänomen, mit welchem sich selbst betagte Seebären ihr Leben lang herumschlagen, nennt man den Radeffekt. Worauf er beruht, wird zwar immer wieder sehr eindrucksvoll und einleuchtend erklärt, aber was man dagegen tun kann, bleibt irgendwie geheimnisumwittert. Wenn jetzt dazu noch Seitenwind herrscht, funktioniert das ganze Rückwärtsfahren überhaupt nicht. Was Sie aber tun können, wenn es gar nicht klappt, verrät Ihnen unser Leserservice:

1. Versuchen Sie es gar nicht erst; fahren Sie vorwärts sicher und elegant dahin, wohin Sie wollen. Sollte jemand auf dem Nachbarschiff eine Miene verziehen, beachten Sie das nicht, der kann es nämlich auch nicht besser.

2. Müssen Sie partout rückwärts anlegen, zum Beispiel weil es der Prüfer bei der Prüfung zum Sportbootführerschein von Ihnen verlangt[50], schlagen Sie ihm folgendes Schnippchen:

[50] Der kann es wahrscheinlich auch nicht hundertprozentig.

Drehen Sie Ihr Schiff bereits außerhalb des Hafens um und fangen Sie draußen an, rückwärts zu fahren. Sobald Ihr Schiffchen rückwärts Fahrt aufgenommen hat, folgt es auf einmal erstaunlich brav dem Steuer. Fahren Sie auf diese Weise lieber elegant hundert Meter rückwärts bis an den Platz, an welchen Sie wollten. (Dieser Tip muß aber ganz unter uns bleiben!!)

Sollten Sie ausschließlich in den nördlichen Gewässern Europas rumkurven, so brauchen Sie das Rückwärtsanlegen so gut wie nie. Da liegt man «im Päckchen», was sich insbesondere auf die Reinheit des Decks Ihres Schiffes auswirkt, wenn Sie als erster im Hafen ankommen. Spätestens gegen sieben Uhr abends liegen Sie zwischen dem Kai und siebzehn anderen Segelbooten, die sich alle längsseits neben Sie gelegt haben.

Nachdem sich auf jeder Segelyacht statistisch gesehen sechs Segler befinden, werden abends und morgens jeweils 112 Segelkameraden mehr oder weniger geräuschvoll und mehr oder weniger nüchtern zum Teil viele Male über Ihr Boot klettern, über Leinen stolpern, Wäscheklammern samt damit befestigten Dessous ins Hafenbecken befördern und so zur Vertiefung zwischenmenschlicher Beziehungen beitragen.

Dabei bietet der Blick in die gläsernen Luken auf dem Vorschiff dem Wanderer zwischen den Booten manchen interessanten Einblick in die Art und Weise, wie Segler solche Beziehungen später gestalten, vergleichbar dem Blick in eine Dose mit lebendigen Ölsardinen, bloß nicht so appetitlich. Unser Tip als Leserservice: Malen Sie quer über Ihr Vorschiff schwarz-weiße Streifen, wie beim Zebrastreifen auf der Straße. Das könnte den Vorteil haben, daß Ihre Nachbarn zumindest nicht immer wieder durch Ihr Cockpit klettern und dort Bierdosen, Fotoapparate und Sonnencremtuben zertreten.

Morgens dann, wenn es zum Abfahren geht, entsteht wieder ein herrliches Chaos. «Rods Law» zufolge wollen nämlich grundsätzlich die Boote als erstes ablegen, welche am nächsten zum Kai liegen. Jetzt muß das «Päckchen» mindestens zehnmal auf- und wieder zugeschnürt werden, im wahrsten Sinne des Wortes. (Wobei es als unfein gilt, die Festmacherleinen als «Schnüre» zu bezeichnen!)

Im Mittelmeer müßten Sie eigentlich rückwärts anlegen können. Dort wird fast grundsätzlich «römisch-katholisch» geparkt, so jedenfalls nennt man es da unten. Dabei können Sie durchaus auch vorwärts in die Lücke einfahren, da herrscht nur so eine Art Ehrgeiz, es auch rückwärts zu können – und die Angst vor herablassenden Gesichtern auf den Nachbarbooten. Aber auch in Nord- und Ostsee kann, wenn man's denn kann, das römisch-katholische Manöver von Nutzen sein, nämlich dann, wenn wieder einmal die Häfen so voll sind, daß bereits draußen geankert werden muß. Der erfahrene Mittelmeerskipper findet fast immer noch eine Lücke, welche er auf diese Weise als Liegeplatz verwenden kann. Und er hat dazu noch den Vorteil, daß sein Segelboot nicht zum Fußgängerübergang wird.

Auch das «Längsseitsgehen» hat so seine Tücken, wenngleich es sehr viel einfacher ist, als das Rückwärtsanlegen. Wichtigstes Hilfsmittel sind dabei eine große Crew, benötigt, um das Schiff aus voller Fahrt durch Festhalten an der Reling des Nachbarbootes zu stoppen, des weiteren zwei Bootshaken und der lautstarke Befehl an den Skipper des Bootes, bei welchem wir längsseits gehen wollen: «Heh, Sie da, bringen Sie doch mal ein paar Fender[51] aus!» Jetzt muß gebremst werden,

[51] Zwischenhängebeutel

und zwar schnellstens. Bringen Sie den Gashebel durch einen kräftigen Griff aus der Vorwärtsposition in die Rückwärtsposition. Lautes Krachen des Getriebes zeigt an, daß der Bremsvorgang eingeleitet ist. Sollte es trotzdem passieren, daß es zu einer Kollision kommt, keine Angst: Auf dem Wasser entstehen keine Bremsspuren, welche als Beweismittel gegen Sie verwendet werden könnten.

Sollte es Ihnen nunmehr gelungen sein, Ihr Boot an den gewünschten Platz zu rangieren, sollte es mit allen verfügbaren Tauen fest angebunden sein, sollte das Deck aufgeräumt und sollten die Segel sicher verstaut sein, dann dürfen Sie auf keinen Fall Schiff und Hafen verlassen. Viel besser holen Sie sich das letzte kühle Bier, stopfen sich ein Pfeifchen und setzen sich auf einen strategisch günstigen Platz Ihres Bootes, so, daß sie den ganzen Hafen überblicken können.

Die beste Zeit für das Kommende ist der Nachmittag. Nun fährt nämlich Schiff um Schiff in den Hafen ein und muß genau das Manöver machen, welches Ihnen solche Mühe bereitet hat. Die Anlegezeit in einem Segelhafen zu beobachten, ist mindestens so spannend wie der schärfste Fernsehkrimi. Da fallen nicht nur Leinen ins Wasser, da sehen Sie Weitsprünge, welche Weltmeisterschaftsqualitäten zeigen, da wird in zwei Stunden mehr Material vernichtet als während des ganzen Tages auf See, da können Sie Flüche kennenlernen, von denen Sie noch nie etwas gehört haben – um es kurz zu sagen: Da ist die Hölle los. In den Häfen des Mittelmeeres findet das Ganze lauter, dramatischer und polyglott statt. Je voller der Hafen, desto voller das Programm.

Und noch etwas: Meist heißt es, Streiten bringt nichts; das gilt nicht für den Kampf um den Liegeplatz; wer hier Erfolg haben will, sollte besser die gleiche Technik anwenden, wie beim Kampf um eine Parklücke in der Innenstadt.

Technik an Bord

Seit den Zeiten, die Thor Heyerdahl nachzumachen versuchte, also den Zeiten der Flöße mit Segeln aus Bast, hat sich die Technik auch auf den Segelbooten breitgemacht. Wenn Sie zum erstenmal auf ein Segelboot klettern, fallen Ihnen und fallen Sie als erstes auf und über verschiedene metallene Fußangeln, die überall auf Deck angebracht sind. An allen Leinen und Stricken finden Sie geheimnisvolle Metallstücke, welche durch die Luft geschleudert keine schlechten Verletzungen an Händen, Gesichtern und Brillen auslösen können. Was am Boden festgeschraubt ist, sind Poller, Klampen und Traveller. Was an den Tampen hängt, sind Schäkel und Kauschen. Was lose rumliegt, ist ein Zeichen für Schlamperei der Crew.

Das alles aber sind Kleinigkeiten, die wahre Technik enthüllt sich, wenn wir unter Deck gehen, soweit es sich um ein Boot mit Kajüte handelt. Da finden sich an wichtigen technischen Einrichtungen der Kühlschrank, das Radio und der Kochherd. (Das Klo hat sein eigenes Kapitel, denn es ist eins!) Weniger wichtige technische Ausrüstungteile sind der Motor (ihn findet man, wenn man der Nase nachgeht), das Echolot, ein Gerät, welches die Wassertiefe anzeigt und meistens erst eingeschaltet wird, wenn es zu spät (!) oder zu tief ist, ein Funksprechgerät, welches ständig rauscht oder unverständliche Laute in Fremdsprachen von sich gibt, und ein Feuerlöscher mit einem TÜV-Stempel von Anno Tobak.

Sollten Sie neu an Bord sein, so ist es Ihre selbstverständliche Pflicht, sich durch intensives Befühlen und Befummeln dieser Apparate mit der Seemannschaft vertraut zu machen. Dazu gehört es unter anderem, daß Sie den Feuerlöscher ausprobieren, man weiß ja nie. Der Skipper wird Ihre Lernbereitschaft tief bewundern.

Die wichtigste Aufgabe des Dieselmotors auf einer Yacht ist es, den Kühlschrank mit Strom zu versorgen. Daneben sorgt er bei Flaute für den Vortrieb des Schiffes. Überprüfen Sie bitte die Zündkerzen des Diesels und kontrollieren Sie den Kühlwasserstand des Außenbordmotors. Diese kleinen Aufmerksamkeiten machen Sie als Gast an Bord beliebt.

Sollten wesentliche Teile des Bordwerkzeuges fehlen – die finden Sie in der Bilge. Dort können Sie auch gleich die Lenzpumpe bewundern. Sie sollte im Gegensatz zu ihrem Namen möglichst nicht nur im Frühling zu Beginn der Saison funktionieren. Nach Entfernung der Schamhaare aus ihrem Ansaugstutzen kann sie ihre Funktion voll entfalten. (Das Anlegen von AIDS-Schutzhandschuhen bei dieser Arbeit gilt als Zeichen mangelnder Risikobereitschaft!)

Ankermanöver

Die Ankermanöver der Segelyachten unterliegen gewissen Gesetzmäßigkeiten. Hier kurz die wichtigsten:

1. Wenn der Skipper schreit: «Laß fallen Anker!», hat sich der Anker mit Sicherheit irgendwo verhakt, die Kette klemmt im Kettenkasten, oder der Sicherungsbolzen ist festgerostet.

2. Wenn der Anker schließlich doch fällt, ist das Schiff inzwischen so weit von der richtigen Stelle abgetrieben, daß der Anker eben da nicht fallen sollte und durfte, weswegen er wieder hochgehievt werden muß.

3. Wenn der Anker wieder eingeholt werden muß, egal, ob an Stellen nach Gesetz 2 oder im Hafen, hängt er garantiert unter einer Mooringkette, unter dem Anker des – sehr großen – Nachbarschiffes oder in einem Fischernetz. Er läßt sich daher nicht einholen.

4. Gesetz 3 tritt aber nur dann in Kraft, wenn der Anker nicht halten soll; soll er aber halten, zum Beispiel bei Starkwind oder in einer Bucht mit starker auflandiger Strömung, dann liegt er im Gras oder im Tang oder auf glattem Felsboden und rutscht fröhlich mitsamt der Yacht durch die Gegend.

5. In den Fällen, wo morgens eiliges Auslaufen geboten ist, um das Tagesziel noch zu erreichen, liegt der Anker stets unter der Kette einer Fähre, welche für zwei oder drei Tage zur Überholung im Hafen festgemacht ist.

Um einer Reihe solcher Mißlichkeiten vorzubeugen, erfanden die Seeleute die Ankerboje. Sie sollte mit einem Tau mit dem Anker verbunden sein, und sie sollte dort schwimmen, wo der Anker auf dem Grund liegt. Sollte!

Die Ankerboje unterliegt ihrerseits ein paar Gesetzmäßigkeiten:

1. Die Leine ist zu kurz, sie taucht unter die Wasseroberfläche und ist daher außer Sichtweite.

2. Die Leine ist zu lang, die Boje schwimmt irgendwo herum, nur nicht da, wo der Anker liegt.

3. Die Ankerboje ist während der Nacht mitsamt ihrem Tau in die Schraube eines manövrierenden Bootes geraten, diese hat den Anker damit ausgerissen und die Leine zerschnitten. (Weitere denkbare Folgen wären: Dadurch trieb der andere gegen unser Boot, hat den Bugkorb eingedrückt, unser Boot ist mit dem Heck gegen die Kaimauer gerammt, hat dort ein Loch ins Heck gestoßen, ist auf Grund aufgelaufen, das Ruderblatt ist abgebrochen und der Kiel steckt fest im Schlamm. Ich will ja nicht den Teufel an die Wand malen, aber möglich ist alles!)

4. Ein fremdes Schiff hat in der Nacht Ihre Ankerboje für eine Festmacheboje gehalten und, wie der Name sagt, sich daran festgemacht. Das hält der Anker natürlich nicht aus und

bricht raus[52]. Die Folgen davon: Siehe unter 3! Unser Leserservice, Tip 1: Gehen Sie irgendwo längsseits! Unser Leserservice, Tip 2: Nehmen Sie immer einen Taucher mit Preßluftflasche und sonstiger Ausrüstung mit! Unser Leserservice, Tip 3: Nichts geht über eine elektrische Ankerwinsch, so klein Ihre Yacht auch sein mag! Die Länge der Ankerkette steht übrigens in direkter Relation zur Länge der Segelyacht, sie ist immer zu kurz. Und an dieser Stelle noch eine kurze Kritik am Gesetzgeber: An Bord jeder Segelyacht hat ein «Erste-Hilfe-Kasten» zu sein, im Gesetz müßte es aber weiter heißen: «Und zwar in unmittelbarer Nähe zum Ankerspill!» Was für die Finger des Schreiners die Kreissäge, ist für die Finger des Yachtseglers die gesamte Ankermechanik.[53]

Navigation

Navigation ist, wenn man von A nach B will, C als Ausweichhafen für widrige Winde ins Kalkül zieht und schließlich in D landet, welch letzteren Hafen man weder kennt noch erkennt. Also wird ein Crewmitglied zum Semmelholen[54] geschickt. Am Aufdruck auf der Semmeltüte»[55] erkennt der Skipper dann klar das erreichte Ziel.

Zur Vermeidung dieser für alle Beteiligten unangenehmen Situation hat der Gott der Seefahrt uns Navigationshilfen ge-

[52] Er zerbricht nicht, der «Anker bricht aus» ist ein seemännischer Fachausdruck.
[53] Übrigens, es gibt auch rostfreie Ankerketten, das hat sich bei den Bootsbauern vermutlich bloß noch nicht rumgesprochen.
[54] Nördlich der Weißwurstlinie «Brötchenholen»
[55] Nördlich der Weißwurstlinie «Brötchentüte»!

schenkt. Die beste Navigationshilfe ist es, wenn der Käptn sein Segelrevier wie seine Hosentasche kennt und immer genau weiß, wo er gerade ist, selbst unter Deck, wenn er in der Koje liegt und trotzdem merkt, daß sein Rudergänger einhundertzwanzig Grad segeln sollte und zweihundertdreißig Grad steuert. Solche Kapitäne soll es geben. In der Regel tut der Skipper aber nur so, als ob er alles, also auch dies wüßte. In Wirklichkeit hat er in der Hosentasche ein Loran-C-Gerät, welches ihm auf wenige Meter genau zeigt, wo sein Schiffchen gerade rumschwimmt.

Spätestens an dieser Stelle werden sich die treuen DSV-Anhänger unter meinen Lesern dieses Kapitels entledigen. Loran-C? Wie kann man nur? Der echte Segler greift zu so neumodischem Kram nie, es sei denn, der Himmel ist seit drei Tagen bedeckt, die für dieses Seegebiet zuständige Seekarte fehlt oder der Sextant ist über Bord gefallen. Der «Sextant», ein Zauberwort, welches alten Seebären die Tränen der Rührung in die Augen treibt. Tatsache ist, daß den meisten Freizeitkapitänen auf dem festen Boden der Segelschule stehend mittels des Sextanten Ortsbestimmungen gelingen, welche höööchstens eine Abweichung von 100 Meilen vom tatsächlichen Ort zeigen.

Trotz alledem, die Navigation mit dem Sextanten, die Astronavigation, gehört zum Allerfeinsten, wenn es ums Freizeitsegeln geht. Sie ist die absolute Krönung der Ausbildung zum Hobbysegler, und das vor allem aus zwei Gründen: Erstens ist sie so kompliziert, daß es wirklich hohe geistige Qualitäten vom Sportler fordert, sie zu beherrschen; und wie viele Menschen neigen dazu, Sportlern geistige Fähigkeiten teilweise oder ganz abzusprechen, außer vielleicht den Schachspielern! Und zweitens funktioniert sie tatsächlich mit einer erstaunlichen Genauigkeit, wenn eine ganze Reihe von

Voraussetzungen erfüllt sind. Doch daran gerade scheitert es so oft.

Erste Voraussetzung ist eine ruhige Hand, eine sehr ruhige, und welcher Skipper verfügt schon über eine solche. Ich denke hier nur an den regelmäßigen Konsum geistiger Getränke, welcher den meisten Seeleuten nachgesagt wird. Zweitens haben Segelboote die lästige Eigenschaft, häufig stark zu wakkeln, was der Arbeit mit dem Sextanten gewisse Probleme in den Weg stellt. Drittens bedarf es zur Astronavigation eines klaren Himmels; Sterne, welche man nicht sieht, kann man schlecht anpeilen. Viertens und letztens bedarf es eines speziellen Taschenrechners, um auf See die komplizierten Rechnungen zur Standortbestimmung durchzuführen, und der hat denselben Fehler wie die von alten Seebären geschmähten Loran-C-Geräte oder Decca-Geräte oder gar das Satelliten-Navigationsgerät: Er braucht gute Batterien.

Zur Astronavigation läßt sich letztlich nur eines sagen: sie war gut, solange es keine Alternativen gab. Astronavigation heute ist so gut und sicher wie ein Auto mit Seilzugbremsen. Ich weiß, die guten alten Zeiten! Ich weiß, die heutige Jugend! Ich weiß... damals bei Kap Hoorn! Ich weiß aber auch: Nach fünf Tagen Sturm und bedecktem Himmel und wechselnden Windrichtungen auf dem Atlantik mit unberechenbarer Abdrift, Strömung und Windrichtung können Sie die Astronavigation vergessen. Mit den moderneren Navigationsmitteln wissen Sie dann immer noch Ihren Schiffsort auf zwanzig Meter genau. Nur sollten Sie bei der Abfahrt eben genügend Reservebatterien für Ihr Navigationsgerät einpacken, und Sie sollten, wenn es sich irgendwie machen läßt, genau mitkoppeln. Das letztere hat sich im übrigen als immer noch genauer erwiesen, als jede Art Navigation, mit oder ohne Sextanten und Loran-C.

Weitere Navigationshilfen

1. Das Relingslog: Damit haben schon die alten Griechen ihre Geschwindigkeit gemessen. Für das Relingslog benötigen Sie eine leere Bierdose und einen Skipper, der bis mindestens zehn zählen kann. Der wirft die Dose am Bug über Bord, rast zum Heck und zählt dabei 21, 22, 23, 24, 25, 26 usw., bis die Dose am Heck vorbeischwimmt. Dann nimmt er einen Zollstock, mißt die Länge seines Schiffes und rechnet nun nach der Zahl der vergangenen Sekunden und der Schiffslänge seine Geschwindigkeit aus. So einfach ist das. (Einzelheiten dieser Rechnung entnehmen Sie bitte der einschlägigen Fachliteratur, ich habe sie vergessen.)

2. Das Patentlog: Dieses ist im Gegensatz zu seinem Namen eine höchst unpatente Angelegenheit. Sie ziehen an einer langen Leine eine Art Quirl hinter dem Schiff her, wobei das vordere Ende der Leine an einer Uhr festgebunden ist, welche die zurückgelegte Strecke anzeigt. Durch eine wiederum kinderleichte Rechnung (siehe oben) kommen Sie auf Ihre Geschwindigkeit. Sie sollten von der Logleine mindestens einige hundert Meter und von den Quirlen einige Dutzend mitführen. Diese Dinger haben die Tendenz, sich in der Schiffsschraube zu verhängen oder durch im Wasser treibende Gegenstände abgerissen zu werden, bei dem bekannten Sauberkeitsgrad unserer Meere nur zu verständlich. Rückwärts zurückgelegte Strecken können Sie mit dem Patentlog überhaupt nicht messen!

3. Das Lot: Damit können Sie messen, wieviel Wasser sich unter Ihrem Boot befindet. (In Metern, nicht in Litern!) Wenn Sie wissen, wieviel Tiefgang Ihr Schiff hat, und Sie stoßen mit dem Kiel auf Grund, dann brauchen Sie das Lot nicht mehr.

Der «gute Ton» an Bord

Vom Umgang mit dem Kapitän[56] und anderen Fachleuten: Der Kapitän jedes Schiffes ist ein gottähnliches Wesen, wenn er auch meist auf Segelbooten nicht so aussieht. Er kann über Leben und Tod entscheiden, zum Beispiel indem er richtig oder falsch entscheidet, wenn's brenzlich wird. Und er darf auf Schiffen ab einer gewissen Länge sogar Trauungen vollziehen. Segelboote sind allerdings meist nicht groß genug, insofern kann Ihnen da in dieser Richtung nichts Verhängnisvolles passieren.

Der Kapitän gibt an Bord die Befehle, und es hat sich als weise erwiesen, diese ohne Rückfrage zu befolgen, so idiotisch sie manchmal auch sein mögen. An Bord herrscht nämlich immer noch die absolute Diktatur, ein Zustand, welchen sich etliche unserer Politiker auch an Land wünschen[57]. Sollten Sie die Anweisungen des Kapitäns in Frage stellen oder nicht befolgen, so droht Ihnen die Gefahr, kielgeholt zu werden, eine unangenehme Prozedur, wenn man die Reinheit unserer Gewässer bedenkt.[58] Dazu kommt noch ein sehr erschwerender Faktor: Der Kapitän weiß alles! In seiner erhabenen Bescheidenheit aber kann er eines nicht leiden: Daß Sie ihm fortwährend dumme Fragen stellen. Wenn Sie etwas wissen wollen, dann fragen Sie die immer greifbaren Fachleute, die es noch nicht zum Kapitän gebracht haben, sie werden Ihnen gerne jede auch noch so blöde Frage beantworten, schon allein, um ihr Wissen bestaunt zu sehen. Am ge-

---

[56] Skipper
[57] Vielleicht sollte man sie alle zu Kapitänen machen, das würde manche Probleme lösen!
[58] Auf Jollen wird das Kielholen durch Bierholen ersetzt.

scheitesten ist es immer noch, unmittelbar nach Betreten einer Segelyacht unter Deck zu verschwinden und dort, falls es Ihr Magen aushält, bis zur Ankunft am Zielhafen zu verbleiben[59].

Alle Passagiere[60] eines Segelbootes haben miteinander freundschaftlich zu verkehren. Schimpfworte und Kraftausdrücke sind bei dieser Sportart verpönt und im übrigen dem Kapitän vorbehalten. Beachten Sie auch bitte landschaftliche Unterschiede: Während man sich auf der Nord- und Ostsee während der ersten drei Jahre gemeinsamer Seemannschaft grundsätzlich siezt, herrschen in südlichen Gefilden leider schon etwas legerere Umgangsformen, manche Segler benutzen bereits vom ersten Tag an das vertrauliche Du, welches doch eigentlich innigen Freundschaften vorbehalten sein sollte. Für einige Mitmenschen beginnt der Balkan heute leider schon an der Donau[61].

Auf dem Mittelmeer soll es einem Ondit zufolge gelegentlich geradezu jovial zugehen. Ich kenne einen Fall, wo der Skipper ungefragt von einem Crewmitglied angesprochen worden ist. Der alte Knigge hätte im Grab einen Vollkreis gemacht.

Es gibt auch Ausdrücke, welche in Laienohren wie ein Schimpfwort klingen, die aber als seemännische Fachausdrücke durchaus verwendet werden dürfen. So ist es zum Beispiel nicht unüblich, die Frau des Skippers vom Nachbarschiff als «alte Gaffelzange» zu titulieren, der Segler von Welt tut dies aber besser in leicht gedämpftem Tonfall. Ebenso gilt der

---

[59] Nach dem Motto: Gehe nicht zu deinem Fürst, wenn du nicht gerufen wirst!
[60] Die Crew (sprich «Kruh»)
[61] Weißwurstgrenze

Begriff «Hundsfott» nicht als unfein, handelt es sich doch um einen Fachausdruck aus der Bootskunde.[62]

Der «gute Ton» im Hafen

Selbst wenn Sie hier – noch – festen Boden unter den Füßen haben, können Sie sich leicht im Ton vergreifen, zum Beispiel gegenüber dem Hafenkapitän. Auch wenn er mit seinem Hafen nie in See sticht, so mag er es doch genausowenig wie der Käptn auf dem Wasser, wenn er mit laienhaften[63] Fragen belästigt wird. So sollten Sie ihn niemals fragen: «Sind die Toiletten hier auch wirklich sauber?» oder: «Sie haben so eine rote Nase, sind Sie Alkoholiker?» Das mögen die Hafenkapitäne verständlicherweise gar nicht.

Die Hauptaufgabe der Hafenkapitäne und ihrer rechten und linken Hände liegt heutzutage darin, in einem Hafen mit fünfzig Liegeplätzen jeden Abend einhundertfünfzig Segelboote unterzubringen und dann die entsprechenden Gebühren dafür zu kassieren. Die Gemeinden, welche über einen Segelhafen verfügen, kassieren großartig. Warum sie jeden Hafen immer um zwei Drittel zu klein anlegen, weiß allein der Gott der Seefahrt, könnten sie doch hier ihre immer desolaten Finanzen gründlich aufbessern. Wenn dort überhaupt gedacht wird, dann vermutlich so: «Nur ein überfüllter Hafen ist ein guter Hafen, da muß ja schließlich was los sein!»

In allen Häfen südlich der Weißwurstlinie[64] empfiehlt es

---

[62] Unterer Teil eines Blockes oder einer Jungfrau
[63] sprich dummen
[64] Donau

sich, bei Ankunft im überfüllten Hafen die Balkan–Methode[65] anzuwenden. Wie Sie sicher wissen, besteht bezüglich der Löhne und Gehälter das bekannte Nord–Süd–Gefälle. Auf Grund ihrer niedrigen Gehälter können sich die dortigen Hafenkapitäne gar nicht leisten, unbestechlich zu sein.

Eine weitere wichtige Aufgabe des Hafenkapitäns besteht darin, dem Segler Auskünfte über das morgige Wetter zu erteilen. Sie wissen darüber meist besser Bescheid als jeder amtliche Wetterbericht, einfach deshalb, weil sie das Wetter täglich beobachten und sich seit Jahren jeden Tag aufs neue über die Irrtümer der Wetterdienste amüsieren. Man kann ihr Herz ganz leicht gewinnen, indem man sie fragt: «Glauben Sie, daß der ausgehängte Wetterbericht zutrifft?»

Seit Jahren kämpfen die Hafenkapitäne und Fischer vergeblich darum, zu diesem Thema von den Meteorologen befragt zu werden. Ihre Frage gibt dem Hafenkapitän die günstige Gelegenheit, endlich mal wieder über die Wissenschaftler gründlich herzuziehen, die mitten auf dem Festland in ihren wind- und wettergeschützten Büros rumhocken und glauben, sie hätten das Pulver erfunden. Der Hafenkapitän wird Ihnen eine Wettervorhersage bieten, auf welche Sie sich viel eher verlassen können, als auf jede amtliche.

Auch der gesellschaftliche Verkehr der Segler untereinander (und aufeinander) im Hafen unterliegt strengen Regeln. Sie lassen sich in vielem mit den Benimmvorschriften von Schrebergartenkolonien vergleichen. So sollten Sie Ihr «kleines Geschäft» nicht über die Reling / den Gartenzaun erledigen. Das gibt auf Deck / dem Rasen gelbe Flecken, selbst wenn es in Lee so herrlich weit trägt. Dagegen können Sie Ihren Mitseglern und den Segelkameraden auf den Nachbarbooten eine große

[65] Bakschisch!!

«Der Kapitän»

Freude bereiten, wenn Sie nachts nach der Heimkehr aus der Hafenbar zur Gitarre greifen und ein paar kräftige Shantys, zum Beispiel das heißgeliebte Lied «My bonny went over the ocean», über das Hafenbecken schmettern. Das Lied «Warum ist es am Rhein so schön» erfreut sich vor allem in ausländischen Häfen um Mitternacht besonderer Beliebtheit. (Die erste Strophe des Deutschlandliedes können Sie ruhig auch anstimmen, den Text versteht keiner! Und schließlich sind wir Deutschen ja wieder wer, auch auf den Weltmeeren!)

Kleine Kommando-Kunde

Ein wesentlicher Teil des Segelsports besteht darin, daß Befehle erteilt und befolgt werden (sollten). Um diesen Kommandos richtig nachkommen zu können, muß man sie verstehen, wie unverständlich sie auch sein mögen. Als erstes müssen wir dem Kapitän klar und deutlich zu verstehen geben, daß wir seinen Befehl verstanden haben. Hier genügt auf keinen Fall ein knappes «Ja!» oder «Jawohl» oder gar «Zu Befehl». So einfach ist das Segeln auch wieder nicht. Ein Kommando des Kapitäns hat grundsätzlich mit folgenden Worten quittiert zu werden: «Ay Sir, Käptn Sir!» Seit dem Film «Die Caine war ihr Schicksal» neigen manche schnoddrige Typen dazu, mit «Ay Ay, Sir!» zu reagieren, eine bedauerliche Form von Mangel an Etikette und von Insubordination[66].

Das kürzeste Kommando an Bord lautet «Ree!» Es kommt nicht aus der Jägersprache und bedeutet für Sie, sofort Ihr Whiskyglas oder Ihre Bierflasche fest in die Hand zu nehmen und sich, soweit möglich, irgendwo festzuklammern, denn

[66] Brockhaus: Fehlende Bereitschaft, sich unterzuordnen.

kurz danach wird sich der Boden unter Ihrem Hintern aus einer unstabilen Lage unter heftigem Geschaukele in eine andere unstabile Lage bewegen.

Sollte plötzlich irgendein Crewmitglied laut schreien: «Mann über Bord!», so sollten Sie dieses Kommando nicht wörtlich nehmen und über die Reling ins Wasser springen, das hat schon vor Ihnen ein anderer getan.

Das längste Kommando lautet: «Alle Mann an Deck, Ausguck besetzen, Maschine an, Rettungsmittel bereithalten!» Es wurde in einem Unterausschuß des Deutschen Segler-Verbandes erarbeitet und bedeutet, daß jemand über Bord gefallen ist und der Käptn mit seinem Befehl «Alle Mann an Deck» versucht, den Unglücklichen durch diesen Befehl wieder an Bord zu bekommen und so ein «Mann-über-Bord»-Manöver zu vermeiden, was leider meistens nicht funktioniert[67].

Ein weiteres wichtiges Kommando heißt: «Rund achtern!» Damit meint der Käptn nicht die Kehrseite einer jungen Dame auf dem Nachbarboot, vielmehr will er eines der gefährlichsten Manöver beim Segeln ankündigen. Für Sie bedeutet es lediglich, daß Sie Ihren Kopf möglichst weit einziehen sollten, wenn Sie nicht im Wasser mit einer Kopfplatzwunde und einer schweren Gehirnerschütterung aufwachen wollen.

Das häufigste Kommando heißt: «Ein Bier für den Skipper!» Es ist ein sofort wirksamer Befehl, wie die Computerleute sagen, und Sie dürfen sich, wenn vorhanden, gleich selbst ein Bier mitbringen. Sollte der Käptn Raucher sein, so handelt es sich dabei um einen eingebetteten Befehl: Zusammen mit dem Bier ist dem Skipper eine angerauchte, aber auf keinen Fall naßgelutschte Zigarette anzureichen.

Der berühmte Befehl «Alle Mann an die Brassen!» stammt

---

[67] Sowohl der Befehl als auch das Manöver

nicht aus der deutschen Seemannschaft, sondern aus den Er-rol-Flynn-Filmen. Er kommt beim Segeln selten vor.

Das Kommando «Hände weg!» heißt, daß Sie im Begriff sind, an irgend etwas rumzufummeln, das Sie einen feuchten Kehricht angeht und beweist, daß Sie dieses Buch noch nicht gründlich genug studiert haben, fangen Sie lieber noch mal von vorne an!

(Übrigens: An Bord eines Segelbootes pfeift nur einer, und das ist der Skipper, und wenn der pfeift, dann an!)

Wie sich der Segler von Welt kleidet

Ich zeige Ihnen nun, wie Sie die neuesten Modetrends für das kommende Jahr mixen und individuell zuschneiden können, Vorschläge, vollgepackt mit den schönsten Styling-Ideen:

Die erste Wahl, die schönsten Basisteile:
Basisteile sind in jeder Saison die Grundlage der Kollektion. Der Grund: Sie lassen sich leicht kombinieren und sind richtig für jede Gelegenheit. Dabei bieten sie stets einen raffinierten Look mit viel Bewegungsfreiheit. Zuerst der Ostfriesennerz, im traditionellen Gelb, aber auch in Orange und Pink. Er reicht nun bis zur Halbwade und wird lässig offen getragen[68]. Am unteren Rand finden wir eingesteppt eine schmale Leiste aus Ozelot, natürlich Kunstozelot. Darunter ein Pully aus dunkelblauem Kashmir[69] sowie weiße Jeans[70]. Weibliche Segler tragen bei schlechter Witterung eine zum Ostfriesennerz

[68] San Gilder, Paris
[69] McGuillicaddy, Kabul
[70] Scapa of Ireland

passende Gummihose, welche knapp unterhalb der Knie endet und so den Blick auf sportlich durchtrainierte Waden freigibt, elegant begrenzt vom Ozelotstreifen. Ein lässig auf der gebräunten Haut getragener Cardigan setzt den Punkt aufs modische i. Den Südwester vergangener Zeiten ersetzt in der neuen Saison eine Baskenmütze aus gelb-pinkem Polyethylenchlorestrol, die Segelnixe krönt ihr Outfit mit einem Tropfen bleifreien Eau de Mer brut, hinter den Ohren zu tragen.

Eine feine Sache:
Warme Unterwäsche mit moderner Romantik

Es muß nicht immer Spitze sein. Seitdem auch die großen Designer das einfache Unterhemd als tolles Accessoire entdeckt haben, kann es sich mit bestem Gewissen sehen lassen. Ein klassisches Unterhemd aus Seide, Angora und Wolle, eine Chemisette aus einem Wolle-Seide-Gemisch mit Spitzeneinsatz[71], beides ideal unter hautengen Sachen zu tragen.[72]

Für das offene Meer: Warme Unterwäsche aus edlem Seiden- und Wolljersey, spitzenbesetzt und mit dem richtigen Maß an Romantik, auch für darüber – eine feine Sache für die Kajüte und, bei den seltenen Sonnenstrahlen, an Deck.

Für die Frau des Skippers: Power-Look mit Glamour, im Männerstil von morgens bis abends. Dieser Stil ist von der Männermode inspiriert. Seine Idee: Eine Hosenrolle mit viel

[71] Schiessmann
[72] Die Säume tragen nicht auf.

Glanz. Zur Pepita-Jacke aus Polyurethan[73] ein weißes Hemd aus Lackleder[74] und eine breite Krawatte aus schwarzem vollimprägniertem Lamanappa. Makeup und Frisur setzen hier die dramatischen Akzente: Mund und Augen werden stark betont, die Augenbrauen kräftig nachgezogen.

Der Mittelmeersegler trägt sehr zum Entsetzen des DSV lediglich eine schlichte Badehose, die Seitenteile nicht mehr ganz so hochgestylt wie in der vergangenen Saison. Statt des Bikinis hat sich wieder der einteilige Badeanzug durchgesetzt, aus Rücksicht auf die Moral der Anrainer der mediterranen Region empfiehlt es sich aber, den unteren Teil und nicht allein den oberen Teil anzulegen. Dieser wird bei kühlen Winden ergänzt durch ein sehr weit getragenes Sweatshirt, welches durchaus unterhalb des Schrittes enden darf, eine reizvolle Anregung für die Phantasie[75].

Gezeitenkunde

Was Ebbe und Flut ist, weiß jeder, der von seinem Einkommen leben muß: Wenn viel Geld im Portemonnaie ist, dann ist Flut, wenn wenig drin ist, Ebbe. Gleiches gilt selbstverständlich für das Bankkonto. Den Wechsel zwischen Ebbe und Flut nennt man Gezeitenwechsel. Das heißt für den Durchschnittsbürger (seit der Fünfzehnte als Zahltag eingeführt wurde): Vom 15. bis zum 20. jeden Monats (circa) herrscht Flut, dann kommt der Gezeitenwechsel, vom 21. bis zum 5. des nächsten

[73] Ives Saint Maron
[74] Varmini
[75] Es ist dem Autor an dieser Stelle ein Anliegen, für solch brandaktuelle Informationen der Pariser Modebranche einen Dank auszusprechen.

Monats etwa geht es uns zwar noch ganz gut, aber große Sprünge können wir auch nicht mehr machen, und ab dem 6. herrscht Ebbe.

So ähnlich läuft es auch bei der Seefahrt, bloß in wesentlich kürzeren Abständen, was wir uns als Gehaltsempfänger auch nur wünschen könnten. Das muß an einem Beispiel erläutert werden: Sie ankern im ruhigen Leewasser hinter der Insel Borkum, so gegen 18 Uhr. Zwei Anker sind ausgebracht, das Schiff liegt sicher, der Wetterbericht ist gut. Sie steigen ins Beiboot und machen einen Landgang. Der frische Aal im Alten Krug schmeckt hervorragend, dazu gibt's reichlich Aquavit aus dem Zinnlöffel, das Pils fließt in Strömen, und um Mitternacht liegt alles mit dem Kopf auf dem Tisch und schnarcht. Als verantwortungsbewußter Skipper entscheiden Sie für sich und Ihre Crew, über Nacht nicht mit dem wackeligen Dingi zum Schiff zurückzufahren, und schlafen beim Wirt im Nebenzimmer, welches übrigens für solche Zwecke mit allerdings etwas streng riechenden Wolldecken ausgerüstet ist. Am anderen Morgen, nach einem leichten Frühstück mit etwas Aquavit[76], kehrt die Crew an Bord zurück und beruhigt sich schon von weitem: Das Schiffchen liegt brav vor Anker und nichts Böses scheint passiert zu sein. Sie schließen die Klappe zum Niedergang auf und fallen nahezu in Ohnmacht: Im Schiffsinneren sieht es aus wie bei Hempels unterm Sofa. Einbruch?? Aber das Schloß war doch total intakt. Auf dem Boden schwimmen große Lachen von Öl und Wasser aus der Bilge, sämtliche Schubladen[77] haben sich in diese stinkige Brühe geleert, der Kartentisch hat sich in das Tohuwabohu

---

[76] «Der Hund, der mich gestern gebissen hat, der soll mich heute auch lecken!»
[77] Der Seemann spricht von «Schapps».

ergossen, und die Schlafsäcke sind mit einem Wasser / Öl-Gemisch vollgesogen.

Wenn Sie Ihre Gezeitenkunde anständig gelernt hätten, dann wüßten Sie die Ursache für den Verhau in Ihrem Schiff. Es hat sich nämlich von ungefähr zehn Uhr abends bis vier Uhr morgens, genau wie Sie, gemütlich auf die Seite gelegt und fest geschlafen, weil das Wasser auf einmal verschwunden war. Der Seebär nennt das: Das Boot ist trockengefallen.

Übrigens sollten Sie auch das Deck gründlich kontrollieren, alles, was nicht angebunden war, ist unauffindbar, zum Beispiel die Winschkurbeln, das Beiboot und das Fernglas, was irgendein Idiot wieder mal im Cockpit hat liegenlassen.

Ebbe und Flut auf manchen Meeren hat mit Sonne und Mond zu tun, mal zieht der Mond am Wasser, mal zieht die Sonne am Wasser, mal beide zusammen, und nachdem die Erde sich auch noch dreht, zieht da, wo die beiden gerade nicht ziehen, die Schwerkraft das Wasser in eine bestimmte Richtung weg. Beim Segelnlernen für die höheren Weihen, sprich B- und C-Scheine, lernt man, wie das Ganze zusammenkommt und was man dagegen machen kann.

Damit Sie wissen, was auf Sie zukommt, stelle ich Ihnen mal eine typische Prüfungsfrage: «Wie hoch ist das mittlere Springniedrigwasser am 12. Mai 1972 am Brunsbütteler Koog um wieviel Uhr?» Na, wollen Sie immer noch den B-Schein machen?

Aber keine Panik: Es gibt für alle Seegebiete mit starkem Gezeitenwechsel sogenannte Gezeitentafeln, in welchen Sie nachlesen können, wann Sie das nächste Mal trockenfallen. Natürlich sind diese Tafeln nicht ganz einfach zu lesen, geschweige denn zu verstehen. Aber die Seemannschaft sieht ja eines ihrer Ziele darin, alles etwas zu verkomplizieren, sonst könnte es ja jeder, und das wollen wir doch nicht.

In einem Lehrbuch über Gezeitenkunde heißt es zum Beispiel (ich zitiere wörtlich): «Die Kartentiefe läßt sich der Seekarte entnehmen. Die Wassertiefe ergibt sich aus der Kartentiefe und der Höhe der Gezeit, sie ist der jeweils vom Lot gemessene Wert. Eine waagerecht unterstrichene Zahl besagt, daß diese Stelle mit der angegebenen Höhe über KN trockenfällt.» (Ende des Zitates.)

Aber ich biete Ihnen selbstverständlich auch noch eine Alternative an: Es gibt weltweit auch Segelreviere ohne oder fast ohne Gezeiten, also Gegenden, an welchen Ihnen nicht immer wieder das Wasser unter dem Boot weggesaugt wird, und diese Gebiete gehören dazu noch zu den schönsten und sonnenreichsten der Welt. Gar nicht weit von uns entfernt liegt zum Beispiel das Mittelmeer mit Wasserstandsunterschieden von höchstens zehn bis zwanzig Zentimetern. Und dazu bietet das Mittelmeer auch noch ungefähr zweihundert- bis dreihundertmal so viele Sonnentage wie zum Beispiel die Nord- oder Ostsee. (Es bleibt übrigens ein physikalisches Geheimnis der Natur für mich, warum gerade da, wo mehr Sonne scheint, weniger Ebbe und Flut die Seefahrt bedrängen. Um so etwas zu verstehen, muß man ein Physiker sein.) Das gleiche gilt für die Karibik, bloß ist die so unpraktisch weit weg.

Am schlimmsten sieht die Sache in St. Malo an der französischen Nordwestküste aus; dort steigt und sinkt das Wasser zweimal täglich um ungefähr neun Meter, weswegen es sich in allen Prüfungsaufgaben zur Gezeitenkunde wiederfindet. Sollten Sie in St. Malo mit Ihrer Yacht einlaufen, so empfiehlt es sich weniger, das Boot am nächsten Kai festzumachen und zum Essen zu gehen, sonst finden Sie es später entweder von seinen Leinen gehalten unter Wasser oder mit gerissenen Leinen mitten im Hafenbecken treibend wieder. (Wenn Sie es überhaupt wiederfinden!) Auch in der Nordsee können Sie mit unangenehmen Bodenberührungen rechnen, wenn Sie die Gezeitenkunde nicht beherrschen. Da lebe die Ostsee, dort kennt man keine großen Gezeitenwechsel.

Der Tidenkalender

Das Deutsche Hydrographische Institut, kurz DHI genannt, beschließt in seiner Jahreshauptversammlung, wann und wo Hochwasser oder Niedrigwasser, sprich Ebbe und Flut, herrschen. Sobald diese Entscheidung Rechtsgültigkeit erlangt hat, wird sie im «Tidenkalender» veröffentlicht. Leider hat dieser Tidenkalender bisher nur in deutschen Gewässern Gültigkeit. Unsere Straßburger Europaparlamentarier kämpfen noch um die internationale Anerkennung. Nachdem wir aber bald wieder Großmacht zu werden drohen, steht diese Anerkennung unmittelbar bevor.

Wetterkunde

Meistens liegt es am Wetter. Ich meine, wenn der Wind immer genau aus der Richtung kommt, in welche wir wollen, oder wenn die Wellen uns den Magen unter die Kiemen drücken, oder wenn die Bierdose im Cockpit immer wieder umkippt, oder wenn wir an dem freien Tag überhaupt nicht zum Segeln kommen, weil die Sturmwarnleuchten brennen und wir nicht dürfen.

Da stehen wir auf dem Bootssteg, und es blinkt gelb aus verschiedenen Richtungen. Ein schöner Segelwind kräuselt die Seeoberfläche, Goethe würde sagen «gar lieblich», und keine Wolke ist in Sichtweite. Aber es ist Sturmwarnung. Und warum: Weil auf den deutschen Seen die Sturmwarnung von einer Wetterzentrale kommt, und wenn die Wetterfrösche, die dort arbeiten, irgendwo in Südbayern eine lokale Gewitterfront auch nur riechen, geben sie für ganz Deutschland Sturmwarnung.

Sie fragen mit Recht, weshalb das so ist! Na, weil unser Wetter von den Behörden gemacht wird, und was die machen, machen sie gründlich. Schauen Sie sich doch bloß mal an, wie die mit dem Luftdruck umgehen. Angefangen hat es mit der Quecksilbersäule, und wir wußten, alles über 760 Millimeter ist schönes Wetter. Dann wurden die Millibar erfunden, und wir mußten umlernen: Alles über 1013 ist schönes Wetter. So eine krumme Zahl soll sich eine Sau merken. Hat aber nicht lange gehalten, die Sache. Heute heißt der Luftdruck Hektopascal, wobei bisher die unmögliche Zahl 1013 erhalten blieb, was aber keinerlei Garantie dafür abgibt, daß sich das nicht bald ändert. So erscheint es mir durchaus möglich, daß wir in fünf Jahren in Metereinstein (internationale Abkürzung dafür wäre zum Beispiel «Mistei») rechnen müssen, und alles was über 17396 liegt, ist dann schönes Wetter – wenn die Natur mitspielt. Und genauso wechselhaft wie diese Normen ist das Wetter und genauso ungenau ist die Wettervorhersage.

Dabei gibt es viel bessere Mittel, das Segelwetter vorherzusagen. Da gibt es zum Beispiel den Fischerwast, in Kuhdorf bei Prien am Chiemsee. Wenn dem die rechte Schulter weh tut, gibt's Föhn, und zwar leichten. Das stimmt immer. Und wenn dem Meint Onno aus Polder an der Ems die große Zehe juckt, obwohl er keinen Fußpilz hat, dann gibt es Sturm aus Nordwest, und das stimmt auch immer. Nur stellen Sie sich vor, der Dipl. Ing. Dr. meteol. Wilhelm Meier, Beamter mit Besoldung nach A 13, würde aufgefordert, jeden Tag zweimal den Fischerwast oder den Meint Onno anzurufen und zu fragen, ob die Schulter das Zipperlein oder die Zehe das große Beißen hat, der würde Ihnen einen Vogel zeigen. Das ist nämlich unwissenschaftlich.

Nachdem wir aber alles von der Exaktheit der öffentlichen Wettervorhersagen wissen, kann uns das nicht hindern, in allen Häfen der Welt die ortsansässigen Fischer zu fragen, was sie von der Wetterentwicklung halten. Es hat sich als zwar unwissenschaftlich, aber durchaus praktikabel erwiesen, lieber auf einen großen Zeh als die amtlichen Wetterfrösche zu lauschen.

Zum Segeln brauchen wir Wind. Sonst könnten wir uns gleich ein Motorboot kaufen. Abgesehen von der Windrichtung, welche mit unseren Zielen sowieso fast nie ganz in Einklang zu bringen sind, werden Sie beim Segelsport feststellen müssen, daß in der Mehrheit der Fälle entweder zuviel oder gar kein Wind bläst. Das ist auch eines von Herrn «Rod's» Gesetzen. (Muß ein ekelhafter Pessimist sein, dieser Mr. Rod!) Deshalb haben fast alle Boote einen Flautenschieber oder, wenn größer, einen eisernen Spinnaker. Der Wind hat dazu noch einen Rhythmus, der an den deutschen Arbeiter erinnert: Mittags um zwölf und abends um sechs macht er eine Pause oder hört ganz auf. Dann brauchen Sie den oben genannten Hilfsmotor. Dies gilt übrigens nicht nur für Binnenseen, sondern auch für die Deutschland oder Europa umgebenden Binnenmeere. Daher stammt die Sitte, den Dämmerschoppen auf fünf Uhr anzusetzen. Da reicht der Wind nämlich gerade eben noch aus, sicher den Hafen zu erreichen.

Die Windstärke wird in «Beaufort» gemessen, ein Maßstab, der zum Glück bisher von den Normenkontrollstellen verschont blieb, was nicht heißen soll, daß das auch weiterhin so bleibt. Der alte englische Admiral Beaufort hat diese Skala aufgestellt und sie in Stufen von 0 bis 12 eingeteilt. Dabei bedeutet 12 Beaufort eine Windgeschwindigkeit von über 118 km/

Stunde, wobei wir spätestens seit Fräulein «Wibke» wissen, daß es viel höhere Windgeschwindigkeiten gibt. Der Admiral wußte als alter Segler ganz genau, daß höhere Werte uninteressant sind (es sei denn, neben unserem Haus steht eine 50 Meter hohe 80 Jahre alte Fichte), weil ab 10 Windstärken jeder einigermaßen kluge Segler im sicheren Hafen bleibt. Merken Sie sich die Faustregel: Ihre Windstärke sei 3–7 Beaufort, und alles, was darüber liegt, macht Ihnen übel! (Oder Ihrer Crew.) Um Ihnen einen guten Tip zu geben, hier meine Beaufort-Skala:

Wind-stärke	Geschwindig-keit	Was passiert:
0	0	nichts.
1	1–5 km/h	Sie brauchen einen Raucher an Bord, um die Windrichtung festzustellen.
2	6–11 km/h	Die Segel flattern, das Boot steht.
3	12–19 km/h	Das Boot liegt schräg im Wasser, die halbleeren Bierdosen entleeren sich ins Cockpit und bilden einen klebrigen gelben See.
4	20–28 km/h	An Deck wird's feucht, unter Deck ungemütlich für nicht ganz seefeste Charakter.
5	29–38 km/h	Dem Skipper fällt zum Glück plötzlich ein, daß man ja auch reffen kann. Jugendliche unter zehn fangen an, zu kreischen oder still vor sich hin zu schluchzen.

Wind-stärke	Geschwindig-keit	Was passiert:
6	39–49 km/h	Der Seegang ist so stark, daß überkommende Wellen ohne menschliches Zutun das leicht besudelte Deck reinigen.
7	50–61 km/h	Wo ist, verdammt noch mal, der nächste Hafen?
8	62–74 km/h	Das Großsegel ist weg, nur noch die Sturmfock steht unter Belastung. Der Skipper steht zum erstenmal selbst am Ruder.
9	75–88 km/h	Im Salon unten im Schiff ist eine ungemütliche und kalte, aber immerhin für eine Segelyacht recht große Badewanne entstanden.
10–12	89–118 km/h usw.	Wenn Sie jetzt noch draußen sind, stehen Sie morgen in der *Bildzeitung*.

Ich habe bewußt die Windgeschwindigkeit in Kilometern pro Stunde angegeben, Knoten wirken so harmlos.

Wenn Sie Ihren Skipper dabei beobachten, wie er träumerisch in den Himmel schaut, dann halten Sie ein paar Minuten das Maul – er betrachtet die Wolken, um daraus etwas über Wind und Wetter zu erfahren. (Wenn Sie sich die Wolken ansehen, so meist deswegen, weil Sie ein paar Sonnenstrahlen abbekommen wollen, das wirkt am Montag im Büro so abenteuerlich!) Merke: Kein Wölkchen am Himmel: Wenig Wind, aber morgen ein satter Sonnenbrand! Viele Wolken am Himmel: Entweder gar kein Wind oder wenig Wind oder viel Wind oder Sturm und wahrscheinlich saurer Regen. (Dieser schadet dem Großbaum aber relativ wenig!)

Die Meteorologen haben die Wolken mit wunderschönen lateinischen Namen versehen, keine Panik, ich kann mir die meisten auch nicht merken. Aber auch hier gibt es eine Faustregel: Viele kleine hohe helle Wolken = besseres Wetter; wenige niedrige große dunkle Wolken = schlechteres Wetter. Aber erzählen Sie diese Sache weder in der Prüfung noch dem Deutschen Wetterdienst, die beiden mögen solche Vereinfachungen gar nicht! Und denken Sie auch an Ihre Verdauung: Vor dem Regen kommt der Wind!

Der Hundertjährige Kalender ist übrigens nicht unbedingt für die Seefahrt geeignet, weswegen man ihn auch auf kaum einem Schiff findet. Da sind sogar die Wetterberichte meistens noch besser. In deutschen Häfen finden Sie fast immer den neuesten Wetterbericht beim Hafenkapitän in einem Schaufenster. Vorsicht aber im Mittelmeer, dort ist er meist so aktuell wie die Zeitung von gestern. Trotzdem ist das eine interessante Lektüre, gibt sie uns doch wieder mal einen schlagenden Beweis dafür, wie sehr der Mensch sich irren kann. Denn was da draufsteht, läßt sich leicht mit dem vergleichen, was Sie um sich herum sehen. Und siehe da, es ist ganz anders, das Wetter!

Das einzig Tröstliche an der ganzen Geschichte ist, daß sich Wettersituationen örtlich total von der überörtlichen Situation unterscheiden können. Ein typisches Beispiel dafür sind die zahlreichen Kaps, die es auf der Welt gibt. Da kann es auf der einen Seite der Landzungen Windstärke sieben bis acht haben, auf der anderen Seite herrscht totale Windstille – eine herrliche Möglichkeit, beim Umrunden des Kaps noch einmal in die ruhige Zone zurückzufahren und das Schiff auf den Starkwind vorzubereiten. Da kann man in Ruhe reffen, alles festzurren, die Schnapsflaschen unter Deck zerstörungssicher verstauen und dann in den Wind einfahren.

Zusammenfassend können wir feststellen: Wetter ist wie Roulette, die Zahl, die uns als öffentlicher oder geheimer Tip verraten wird, kommt nie!

Der Kompaß

«Die Kompaß-Nadel zeigt nach Norden», haben wir in der Schule gelernt. Pustekuchen, tut sie nicht! Sie zeigt auf der ganzen Welt irgendwo in nördliche Richtung, nur zum Nordpol meistens nie. (Sie zeigt nach Norden, die Nadel, bloß eben manchmal nach Nordwesten, manchmal nach Nordosten, fast nie aber wirklich zum Nordpol.)

Nun sind unsere Seekarten aber nach dem Nordpol orientiert. Was tun, spricht Zeus? Zu Ihrer Beruhigung: Der heilige Erasmus hat ein Einsehen mit den europäischen Seglern gehabt und die sogenannte «Mißweisung», nämlich die Abweichung der Nadel vom tatsächlichen Norden, für uns Europäer für jetzt und die nächsten zwanzig Jahre so eingerichtet, daß die Nadel nahezu genau nach Norden zeigt. Sie können also in unseren Revieren ruhig davon ausgehen, daß da, wo Norden sein soll, auch wirklich Norden ist.

Hergehört, Ihr A-, BR-, und BK-Scheininhaber: Vergeßt ruhig, was Ihr im Kurs über die Mißweisung gelernt habt! Sie liegt in Europa gegenwärtig bei höchstens 1–3 Grad. So genau hält sowieso kein Rudergänger den Kurs. Wenn er seine Bierdose aufmacht oder seine Pfeife anzündet, hat er schon wieder eine Abweichung von 10 bis 15 Grad eingebaut! Und dann gibt's da noch die Abdrift, die Strömung und die «Seeschlange im Kielwasser».

Viel wichtiger erscheint mir daher die Einbauanweisung des DSV: «Der Kompaß sollte 55 bis 75 cm von den **Augen des** Rudergängers entfernt montiert sein! Kompasse im Cockpit- boden machen fast jeden Segler seekrank!» So herrlich klare Anweisungen findet man in der Seemannschaft fast nie. «Der Kompaß sollte nicht vorne am Bug neben dem Ankerspill an- gebracht sein!»

Danke! Jetzt wissen wir endlich, warum der Kompaß im- mer auf der Steuersäule oder vor dem Ruder zu finden sein sollte. Nachdem aber bei vielen kleineren Segelyachten der Kompaß gerne in die Wand neben dem Niedergang eingelas- sen ist, bei Billigschiffen sogar nur auf einer Seite, sollte der Rudergänger in diesem Fall immer ein Fernglas zur Hand ha- ben, um wenigstens gelegentlich den genauen Kompaßkurs ablesen zu können. Bei nur einseitigem Kompaß und Fehlen eines Fernglases empfiehlt es sich, nur auf dem Kompaß ge- genüberliegenden Bug zu segeln. Also: Kompaß an Steuer- bord: Nur auf Backbordbug segeln und vice versa!

Medizin an Bord

Wenn es den Sport nicht gäbe, könnten sich die meisten Ärzte keinen Sportwagen leisten. Selbst das Segeln, bei dem man selten außer Atem gerät, nagt an des Seglers Gesundheit herum. Nachdem aber die Unfallverhütung jetzt immer in den Himmel gelobt wird, sollen doch wenigstens die wich- tigsten Gefahrenquellen beziehungsweise die angemessenen Gegenmaßnahmen einmal genau aufgezeigt werden, welche des Seglers Gesundheit bedrohen. Merke: An der Reling ist Vorbeugen schlechter als Heilen!

Da ist zunächst einmal das Wasser, rund ums Boot zu finden. (Wasser im Boot stellt nur bei größeren Mengen eine ernsthafte Gefahrenquelle dar.) Nachdem nur unser Herr Jesus in der Lage war, auf dem Wasser zu gehen, sollten wir diesbezügliche Versuche striktestens meiden. Und wenn Ihnen noch so schlecht ist und Sie noch so blau sind, versuchen Sie bitte niemals, nach dem Essen oder vor dem Zukojegehen, einen Spaziergang in dem schönen Garten ums Boot zu machen. Das kann im Hafen noch gutgehen, auf dem See oder dem Meer entstehen neben der Gefahr, sich zu verkühlen, noch andere Gefahrenmomente. Sie könnten zum Beispiel gezwungen sein, Wasser zu trinken – was für ein abscheulicher Gedanke.

1. Nach dem Verschlucken von Hafen- oder Seewasser: Mischen Sie fünf Teile Fernet Branca mit zwei Teilen Pfefferminzlikör und einem Teil Cointreau; schlucken Sie die Mischung auf einmal runter. Setzen Sie sich nach Lee.

2. Nach einem unfreiwilligen Bad: a.: In der Nord- oder Ostsee: Kochen Sie einen Liter schwarzen Tee, versetzen Sie ihn mit drei Löffeln Zucker und dann mit Rum im Verhältnis 1 : 1 und trinken Sie die Mischung in kleinen, aber hastigen Schlucken. b: Im Mittelmeer: Bereiten Sie einen doppelten Espresso, unterschichten Sie ihn mit einem gleichen Teil Sambuca und trinken Sie das in kleinen Schlucken.

3. Bei starker Unterkühlung: Nehmen Sie das jüngste weibliche Crewmitglied mit unter Deck, ziehen Sie sie und sich nackt aus und genießen Sie das Gebräu von Nr. 2 eng aneinandergeschmiegt unter drei Wolldecken. Nichts kann menschliche Wärme ersetzen. (Bei Unterkühlungen weiblicher Crewmitglieder kann hier auch ein männliches Wesen, wenn gut rasiert, als Wärmequelle verwandt werden!)

4. Kater bekämpft der Segler nach dem Motto der Hundezüchter: Der Hund, der mich gestern gebissen hat, soll mich heute auch lecken!

5. Blasenentzündungen können ohne Antibiotika geheilt werden, wenn durch die Aufnahme von reichlich Flüssigkeit die Harnwege gründlich gespült werden. Die Urologen empfehlen in diesem Fall drei bis vier Liter Flüssigkeit pro Tag. Die Flüssigkeit sollte zur Erweiterung der ableitenden Harnwege leicht mit Alkohol versetzt sein. Zufälligerweise entspricht der Alkoholgehalt von Bier exakt dem empfohlenen Mischungsverhältnis. (Dies gilt nicht für Blasen an den Füßen, hier hilft nur das ständige Hochlegen der Beine, zum Beispiel im Cockpit auf der gegenüberliegenden Bank oder auf dem Schandeck. Die Teilnahme an seemännischer Arbeit sowie Backschaft ist unter diesen Umständen natürlich ausgeschlossen.)

6. Knochenbrüche an Bord sind grundsätzlich zu vermeiden!

7. Die Seekrankheit ist fast ausschließlich psychisch bedingt. Bestes Hilfsmittel ist intensive Zuwendung durch andersgeschlechtliche Mitsegler. Erkundigen Sie sich trotzdem noch einmal beim Skipper, auf welcher Seite des Bootes sich Lee befindet.

8. Kopfschmerzen: Segler leiden höchst selten darunter. Schließlich können Hohlräume nicht weh tun.

9. Abgequetschte Finger oder sonstige Gliedmaßen: Bitte umgehend möglichst steril verpacken und tiefkühlen. Nur so ist es den Ärzten an Land möglich, diese Organe noch zu Transplantationen zu verwenden. (Bitte achten Sie darauf, daß der Anker trotzdem hält!)

10. Leberzirrhose: Diese Krankheit wurde von bösartigen lebensfremden Medizinern erfunden und ist tatsächlich nicht existent.

11. Husten: Sollte einer Ihrer Mitsegler darüber klagen, so geben Sie ihm unauffällig ein starkes Abführmittel. Ab sofort traut er sich nicht mehr, zu husten.

12. Blinddarmentzündung: Laufen Sie den nächsten Hafen an und begeben Sie sich sofort zu einem Augenarzt.

13. Kopfplatzwunden: Sofort durch festes Abbinden im Halsbereich das Verbluten verhindern! Merke: Kopfplatzwunden können sehr stark bluten!

14. Durchfall: Nachdem Sie über den Zustand der Bordtoiletten bereits ausführlich informiert worden sind, gehen Sie bitte folgendermaßen vor: Nehmen Sie die Hose eines Ostfriesennerzes und wenden Sie diese so, daß sich die feuchtigkeitsabstoßende Seite innen befindet. Ziehen Sie die Hose bitte ohne Unterwäsche an und binden Sie sie oberhalb der Sprunggelenke mit einem Gummiring eines Einmachglases fest zu. Ziehen Sie dann Ihre Unterhose über der Gummihose an, damit Sie sich nicht verkühlen. Übrigens, Sie werden merken, daß in solch einem Fall das Stehen vorteilhafter ist als das Sitzen.

15. Verletzungen durch Meerestiere: Diese Gefahr droht nur Hobbyseglern, ein waschechter Seemann geht bekanntlich nie ins Wasser, er haßt es. Die gefährlichsten Meerestiere sind Quallen und Haifische. Beiden sollte man besser aus dem Wege gehen. Während sich bei Quallen die Anwendung von Alkohol, innerlich und äußerlich, bewährt hat, empfiehlt sich bei Begegnungen mit Haien meist nur noch der Griff zur Bordbibel.

Die Bordapotheke

Überprüfen Sie bitte regelmäßig die Bordapotheke. Alterfahrene Skipper neigen dazu, sie, was das Nachfüllen anbetrifft, mit der Bordbar zu verwechseln. In die Bordapotheke gehören unter anderem: Abführmittel (siehe unter Husten!), Arnika,

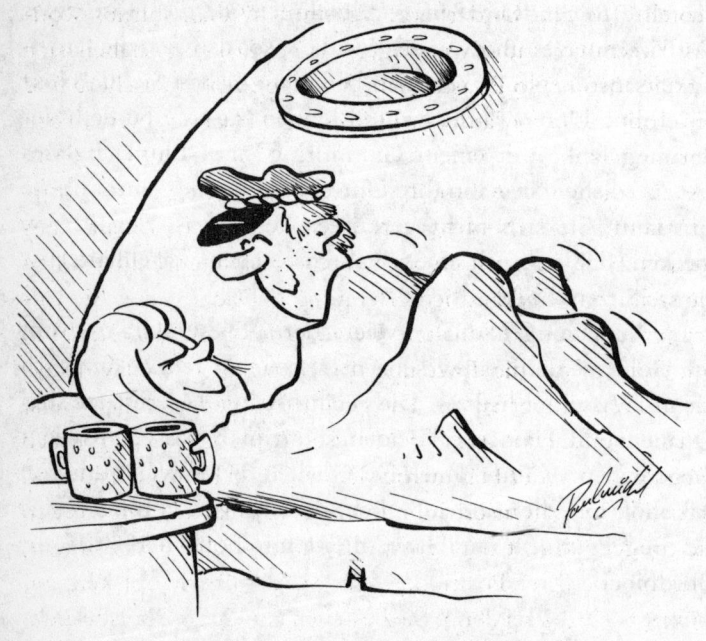

«Bei Unterkühlung kann menschliche Wärme
durch nichts ersetzt werden...»

Baldrian, Chinin (am besten in Form von Tonicwater), Dosenöffner, Enzianschnaps, Franzbranntwein, Genever (oulde), Gin (damit das Chinin geschluckt werden kann, siehe dort!), Holunderbeersaft (bitte gebrannt), Jod, Klosterfrau Melissengeist, Lindenblütentee, Magenbitter, Nitroglycerin (bei Herzkranzgefäßverengung), Obstler, Pampers (falls kein Ostfriesennerz vorhanden), Quecksilberthermometer, Rum, Scotch, Tequila, Underberg, Veltliner, Williamsbirne, Wodka, Yohimbin und Zwetschgenwasser. Daneben haben sich bewährt: Ein Kilo Pflaster, eine (rostige) Verbandsschere und das Handbuch: «Tausend Drinks aus Harry's New York Bar».

Achtung: Diese Aufstellung entspricht nicht ganz den Vorschriften nach DIN 13164, das heißt, nicht dem Inhalt eines Autoverbandskastens. In allen nicht erwähnten Fällen holen Sie sich eine «funkärztliche Beratung»! Dabei gehen Sie folgendermaßen vor: Schalten Sie am Funkgerät den Kanal 16 ein, drücken Sie die Taste und sprechen Sie: «Mayday, Mayday, Mayday, hier ist der Peter Müller (oder wie auch sonst immer Sie heißen) auf der Nordsee (oder Ostsee, etc.). Ich habe Fußpilz (oder Hämorrhoiden etc.) und brauche dringend ärztliche Hilfe.» Unsere immer wachen Funkstationen werden Sie umgehend mit dem entsprechenden Facharzt verbinden. Die Angabe Ihrer Position, wenn Sie die überhaupt kennen, erübrigt sich, es sei denn, Sie bestehen auf einem Hausbesuch.

Merke: Windpocken kann man auch bei Flaute kriegen!

Merke auch: Der Windtripper ist meist nur eine ganz faule Ausrede.

Das Verkehrsrecht der Schiffahrt

Erinnern Sie sich noch an Ihre Autoführerscheinprüfung? Da gab es ein Kapitel, das hieß: «Die Straßenverkehrsordnung». So etwas gibt es auf dem Wasser auch. War wohl wieder nichts mit der Freiheit der Meere, können Sie jetzt mit Recht sagen.

Während unsere Straßenverkehrsordnung jedoch nur ein kleines Buch füllt, können Sie mit den verschiedenen Verordnungen für den Verkehr auf dem Wasser eine halbe Bibliothek anlegen. In Deutschland gibt es ungefähr zwanzig verschiedene Vorschriften. Da sind zum Beispiel die Rheinschiffahrtsordnung, die Bodenseeschiffahrtsverordnung, die bayerische Binnenschiffahrtsordnung, die Seeschiffahrtsordnung (Achtung, die gilt nicht etwa, wie der Name sagt, auf See), die Seeschiffahrtsstraßenordnung, die Donauschiffahrtsstraßenverordnung und die Verordnung für die Schiffahrt auf den Berliner Gewässern. (Der Autor garantiert nicht die Vollständigkeit dieser Aufzählung.)

Eines haben alle diese aufgeblasenen Regeln zum Glück gemeinsam: Überall, nicht nur in Bayern, gilt zunächst «rechts vor links». (Selbst in China!) Bitte beachten Sie aber das «zunächst»! Theoretisch gilt zwar rechts vor links, nicht aber zum Beispiel für die Wasserschutzpolizei. Die findet, sollte man ihnen nicht ausweichen, garantiert einen Grund, uns einen überzubraten.

Die Vorfahrtsregeln auf dem Wasser haben es in sich. Das gilt auch für die Beschilderung. Sie meinen, auf dem Wasser kann man keine Schilder aufstellen? Erstens haben alle Gewässer irgendwo festes Land als Grenze, und damit reichlich Raum für einen Schilderwald. Zweitens gibt es auch noch schwimmende Schilder in den verschiedensten Farben, zum Beispiel die Tonnen.

Eines der wenigen Schilder, das es auf dem Wasser nicht gibt, ist das Stoppschild. Alle anderen Ver- und Gebotsschilder finden sich auf dem Wasser wieder, vom absoluten Halteverbot bis zur Geschwindigkeitsbeschränkung. Nur sehen die alle ganz anders aus als an Land. Auf die Idee, gleiche Schilder für gleiche Zwecke zu verwenden, ist bisher noch niemand gekommen. Und wenn Sie glauben sollten, auf dem Wasser gäbe es keine Ampeln, haben Sie sich gründlich getäuscht. Sie müssen bloß irgendeinen Kanal ansteuern, dann finden Sie die auch.

Die wichtigsten Vorschriften finden sich in den «Kollisionsverhütungsregeln» (KVR). Es hat sich als klug erwiesen, sie in den folgenden Fällen strengstens zu beachten:

1. Wenn das andere Schiff größer, schneller oder stärker ist.

2. Wenn das andere Schiff aus Metall ist.

3. Wenn es sich um ein Polizeiboot handelt.

4. Wenn man keine ausreichende Haftpflichtversicherung hat.

Im Falle der Begegnung mit nicht zu dieser Kategorie gehörenden Schiffen ist laut «Raum!» zu schreien, neunundneunzig von hundert Booten weichen dann aus, Surfer immer[78]. Selbst wenn der andere Vorfahrt haben sollte, wird er erst mal ausweichen, denn meistens fällt ihm erst hinterher die genaue Vorfahrtsregel ein.

Auch an Wochenenden gelten die Vorfahrtsregeln auf den deutschen Binnenseen, obwohl sie da völlig sinnlos sind, da der Verkehr dann so dicht ist, daß jedes Ausweichen unabweisbar zu einer Kollision mit einem anderen Boot führen würde. Wer samstags oder sonntags Wassersport treiben will,

[78] Surfer gelten als Wasserfahrzeuge im Sinne der KVR, bestehen aber klugerweise nie auf ihrem Vorfahrtsrecht.

sollte sich ein Gummiboot anschaffen, am besten von der Bundeswehr, die halten auch Zusammenstöße mit sehr spitzen Booten leicht aus. Auf Flüssen ist das Abtreiben erlaubt. (Auch in Bundesländern mit mehrheitlich katholischer Bevölkerung.)

Auf Schiffen gibt es bisher leider weder Scheibenbremsen noch ABS oder Airbag. Die Erfinder arbeiten noch daran. Auch das Anlegen von Sicherheitsgurten wurde bisher nicht zur Pflicht gemacht. In den zwanziger Jahren erfand ein gewisser Herr Curry zwar die «Curry-Bremse», die muß wohl aber nicht so toll wirksam gewesen sein, denn man sieht sie nie.

Das Manöver des letzten Augenblicks

Wenn alle Stricke reißen – dieser Ausdruck ist auf Segelbooten eigentlich nicht angebracht, denn wenn das passiert, fallen dem Segler alle möglichen leichten und schweren Gegenstände auf den Kopf, inklusive des Mastes – wenn der andere Wassersportler aber keinerlei Anstalten macht, sich das Buch mit den Vorfahrtsregeln vom Kartentisch zu holen und nachzulesen, wer denn nun ausweichen muß, fahren Sie einfach woandershin. Meistens nützt das was, es sei denn, Ihr Gegner hat denselben Gedanken in dieselbe Richtung. Das nennt sich offiziell «das Manöver des letzten Augenblicks».

Natürlich gilt diese Regel auch für Tanker mit 300 000 Tonnen Öl im Bauch. Leider ist es mir trotz jahrelanger Seefahrt noch nicht gelungen, ein Manöver des letzten Augenblicks von einem Tanker zu beobachten. Es gibt einfach Schiffe, denen man trotz aller Vorfahrtsregeln ausweichen sollte, nämlich allen denen, die größer sind als wir, oder auf denen der Rudergänger mehr Alkohol getrunken hat als wir selber.

Die Lichterführung

Hoffentlich haben Sie den Spickzettel aus der letzten Prüfung noch, er ist Gold wert, und zwar ein Leben lang. Denn merken kann sich das keine Sau. Da gibt es rote Lichter, grüne Lichter, gelbe Lichter, blaue Lichter, welche mit Sektoren (die sollen nur in eine bestimmte Richtung leuchten) und welche ohne (die sollen überallhin leuchten), welche, die blinken, und welche, die blitzen. Und da gibt es Schiffe, die haben von jedem Typ eines oder mehrere. Daher die typische Frage aus der Führerscheinprüfung: «Es kommt Ihnen nachts ein Schiff entgegen, welches drei rote, drei grüne, drei weiße und drei gelbe Lichter führt. Um was für ein Schiff handelt es sich?» [79] Als Hans Albers seinerzeit den Schlager üben sollte: «Das rote Licht an Backbord ist die Liebe, das grüne Licht an Steuerbord das Glück», kam er selbst bei der Generalprobe noch durcheinander. Unser Leserservice: Malen Sie sich den Zehennagel der linken großen Zehe rot und den rechten grün! Ziehen Sie im Moment der Wahrheit Schuhe und Socken aus! Schauen Sie auf Ihre Füße, nicht aufs Wasser! Navigieren Sie richtig! Und bleiben Sie nachts im Hafen!

Der Umgang mit den Behörden

Beamte vermehren sich schneller als Chinesen. Das liegt am Parkinsonschen Gesetz. Während die Chinesen nur ein Kind haben dürfen, will jeder Beamte mindestens zwei Untergebene haben, das hebt den Positionswert. Und damit genü-

---

[79] Natürlich um ein Kirchenschiff!

gend Beamte in unserer Welt Platz haben, gibt es nicht eine Behörde, die für uns zuständig ist, sondern deren viele.

Das geht los mit den Schiffahrtsämtern, die sich den Zulassungsstellen vergleichbar um Länge, Breite, Höhe und Tiefgang unseres Bootes kümmern (Autos haben zum Glück wenigstens keinen Tiefgang); das geht weiter mit den Seewetterämtern, welche festlegen, wann und aus welcher Richtung wieviel Wind weht, und mit dem Deutschen Hydrographischen Institut, welches die Untiefen auf den Seekarten verteilt und bestimmt, wann wo wie hohes Wasser fließt oder steht. Dann haben wir noch die Wasserschutzpolizei, die uns vor uns schützen soll, die Hafenbehörden, welche uns Liegeplätze zuweisen soll, die leider alle belegt sind, und die Zollbehörden, die das Schmuggeln verhindern wollen.

Einem ungeschriebenen Gesetz zufolge sind Zigaretten, Tabak, Kaffee und Alkohol im Ausland grundsätzlich billiger als im Inland. Das gilt für alle europäischen Länder. Damit Sie es nicht zu spät merken, gibt es in Deutschland das «Merkblatt über Zollbestimmungen für Eigner und Schiffsführer inländischer Wassersportfahrzeuge», eine Lektüre, die Sie ebensogut auf arabisch beziehen könnten, so klar verständlich ist sie.

Wir Freizeitkapitäne müssen damit rechnen, daß wir bisher bloß die Spitze des Eisbergs erleben. Im neuen «Europäischen Wirtschaftsraum» werden Tausende von Zollbeamten anders als bisher beschäftigt. Ein Teil von denen kommt sicher auf uns zu. Legen Sie schon mal ein oder zwei Exemplare des «Bezugs- und Anschreibebuches für unverzollten Schiffsbedarf» bereit. (So heißt das Ding wirklich!)

Auf See brauchen Sie natürlich einen Paß. Wenn Sie keinen haben, dann benötigen Sie eine «grenzpolizeiliche Erlaubnis zum Betreten oder Verlassen des Bundesgebietes an der deutschen Nord- und Ostseeküste ohne grenzpolizeiliche Kontrolle»!! (Lernen Sie das bitte, bitte auswendig, sonst sind Sie am Ende nicht existent, was scheußlich sein muß!)

Im Mittelmeer sind die Dinge anders, aber meist ebenso kompliziert. Die Länder dort mögen nämlich deutsche Boote nicht so gerne, wie wir uns immer einbilden, oder sie betrachten sie als willkommene Einnahmequelle und belegen sie mit Gebühren, von denen Sie nur träumen können, und natürlich, wie typisch, alles in ausländisch.

Seenotfälle

Für Seenotfälle gilt, was für Unfälle an Land ebenfalls gilt: Einem physikalischen Gesetz zufolge können zwei aus Materie bestehende Gegenstände nicht gleichzeitig am gleichen Ort sein. Versuchen sie dies, kommt es zunächst zur Materialverdichtung, anschließend zur Materialvernichtung. Die Landratten nennen das einen Zusammenstoß, die etwas gebildeteren Seeleute sprechen von einer Kollision.

Neben den üblichen in der einschlägigen Literatur ausführlich angeführten Seenotfällen gibt es aber noch eine ganze Reihe anderer Notsituationen auf dem Wasser, die leider in den Lehrbüchern der Seefahrt kaum oder gar keine Erwähnung finden. Eine der übelsten unvorstellbaren Notfälle ist es, wenn an Bord das Bier ausgeht. Wir wissen aus der Literatur der Schiffahrt früherer Zeiten, daß zahlreiche Seeleute auf dem Wasser verdurstet sind. Die Nieren, unsere wichtigsten Entgiftungsorgane, müssen ständig gründlich gespült werden, sonst drohen ernste Erkrankungen. Die Versorgung seegehender Yachten sollte nach der folgenden Formel sichergestellt werden:

$$\text{Pro Mann} / \text{Stunde auf See} = 0,3 \text{ Liter Bier}$$

Auch für die ausreichende Versorgung mit Spirituosen gelang es unseren beratenden Wissenschaftlern, eine brauchbare Norm festzulegen:

Pro Mann / Stunde auf See = 2 cl Rum (o. ä.)

Diese Mindestmenge dient vor allem zur Erhaltung der Gesundheit des Skippers und / oder der Crew bei Erkältungsgefahr, es handelt sich wohlgemerkt um eine prophylaktische Maßnahme. Um eine Erkältung zu therapieren, ist obenstehende Formel mit dem Faktor 2,5 zu multiplizieren.

Ebenfalls zuwenig Erwähnung findet ein Vorgang, der immer wieder eintritt: Ein Mitglied der Crew wurde im letzten Hafen an Land vergessen. Sollte es sich dabei um den Skipper handeln, so übernimmt laut internationaler Seestraßenordnung das nächstälteste Crewmitglied das Kommando und versucht, den nächsten Hafen anzusteuern. Findet er diesen nicht, so ist der bisher gelaufene Kurs in Gegenrichtung zu verfolgen; es könnte ja sein, daß der Skipper versucht, sein Schiff schwimmend wieder einzuholen. Wird er auf diese Weise gefunden, ist sofort ein vorschriftsmäßiges «Mann-über-Bord»-Manöver zu fahren, der Skipper an Bord zu holen, zu trocknen und frisch einzukleiden. Danach ist dem Skipper offiziell das Kommando über das Schiff zu übergeben. Würde dagegen ein Crewmitglied vergessen, sind Fahrtgeschwindigkeit und Fahrtrichtung beizubehalten. Dies gilt nur dann nicht, wenn der Dackel des Skippers auf dem Kai vergessen wurde. Da Dackel in der Regel schlecht schwimmen können, ist sofort der letzte Hafen wieder anzulaufen.

Mangel an ausreichender Nahrung an Bord gilt nicht als Seenotfall. Diese kann ohne Schwierigkeiten durch kalorienreiche Getränke (siehe oben) ersetzt werden. Außerdem ist Nahrung auf See in vielen Fällen fast wörtlich rausgeworfenes, sprich über Bord ge... Geld.

Ein geradezu typischer Seenotfall, der sehr häufig eintritt, ist die Tatsache, daß weder der Skipper noch die Crew wissen, wo sich ihr Boot gerade befindet. Hier heißt es: Weiterfahren, bis Land in Sicht kommt. Schließlich ist auch das größte Meer von Land umgeben, und irgendwann muß irgendwo irgendein Ufer auftauchen. Manchmal begegnet man in solcher Situation einem großen Dampfer. Der kluge Skipper ruft den über UKW-Funk an und bittet ihn, ihm seinen Standort mitzuteilen. Die meisten Dampfer tun das gerne, erstens langweilen sie sich nämlich häufig, und zweitens wissen sie meist ziemlich genau, wo sie gerade sind.

Wir wissen übrigens auch, wo wir jetzt sind: Nämlich am Ende dieses Buches. Der Kapitän bedankt sich bei seinen Lesern und wünscht Ihnen viel Spaß beim Segeln. Und denken Sie dran: Wasser hat keine Balken.

Uschi und Brian Bagnall
Die Wahrheit über den Stiefel
Das Italien-Fanbuch
(tomate 13026)

Rainer Bartel
Computer leiden leise *Vom liebevollen Umgang mit Computern*
(tomate 12777)

Ekko Busch
Gute Reise! *Cartoons aus der F.A.Z.*
(tomate 13089)

Wolfram Eicke
Mit Kakao und Pistole... *halten wir Papa auf Trab*
(tomate 12583)
Das Pauker-Buch *Erkenne deinen Lehrer und du hilfst dir selbst!*
(tomate 12159)

Bernd Fritz
Von großem Deutschem *Satiren aus der TITANIC*
(tomate 12767)

Heinz Jankofsky
Auf baldige Genesung! *Cartoons zum Gesundlachen*
(tomate 13143)

Uwe Nielsen
Wir schalten um! *Das end- gültige TV-Programm*
(tomate 12434)

Erich Paulmichl
Die Wahrheit über Golfer
Cartoons
(tomate 13099)

Rowohlt Schmunzel-Lesebuch
Herausgegeben von Klaus Waller
(tomate 13105)

ERICH PAULMICHL

DIE WAHRHEIT ÜBER GOLFER

CARTOONS

Ahriman Satyri
So sind die Frauen! *Das hilfreiche Buch der Frauen- Typen*
(tomate 12633)
So sind die Männer! *Das hilfreiche Buch der Männer- Typen*
(tomate 12754)

Klaus Waller / Jan Cornelius (Hg.)
Heiteres Europa *Eine Lese- Reise*
(tomate 12864)

Ulrich Winterfeld
Sex-Lexikon *69 eindeutige Ratschläge. Mit einem erotischen ABC von Erich Rauschenbach*
(tomate 12418)

rororo tomate wird herausge- geben von Klaus Waller. Ein Gesamtverzeichnis der Reihe finden Sie in der *Rowohlt Revue*. Jedes Vierteljahr neu. Kostenlos in Ihrer Buchhand- lung.

rororo Unterhaltung